# 技术经理人
# 能力提升指引

## 理念与实践

邱超凡　杨晓非　周　航◎编著

知识产权出版社

全国百佳图书出版单位

——北京——

**图书在版编目（CIP）数据**

技术经理人能力提升指引：理念与实践 / 邱超凡，杨晓非，周航编著 .

北京：知识产权出版社，2025. 2. — ISBN 978-7-5130-9767-3

Ⅰ . F113.2

中国国家版本馆 CIP 数据核字第 20253VH156 号

责任编辑：程足芬　　　　　　　　　　责任校对：谷　洋

封面设计：纺印图文·韩力君　　　　　　责任印制：刘译文

## 技术经理人能力提升指引：理念与实践

邱超凡　杨晓非　周　航　编著

| | | | |
|---|---|---|---|
| 出版发行：知识产权出版社 有限责任公司 | | 网　　址：http //www. ipph. cn | |
| 社　　址：北京市海淀区气象路50号院 | | 邮　　编：100081 | |
| 责编电话：010 - 82000860 转 8390 | | 责编邮箱：chengzufen@qq.com | |
| 发行电话：010 - 82000860 转 8101/8102 | | 发行传真：010 - 82000893/82005070/82000270 | |
| 印　　刷：三河市国英印务有限公司 | | 经　　销：新华书店、各大网上书店及相关专业书店 | |
| 开　　本：720mm × 1000mm　1/16 | | 印　　张：15.5 | |
| 版　　次：2025 年 2 月第 1 版 | | 印　　次：2025 年 2 月第 1 次印刷 | |
| 字　　数：254千字 | | 定　　价：73.00 元 | |

ISBN 978 - 7 - 5130 - 9767 - 3

# 编　委　会

本书得到国家技术转移人才培养基地（中部中心）、北京北大科技园有限公司支持。

本书得到福建省科学技术厅创新战略研究计划联合项目（科协自筹）"高校和科研院所重大科技成果筛选确定及转化路径研究"（2022R0124）、"十四五"国家重点研发计划专项"面向未来产业生态的科技服务平台技术研发与应用"（2022YFF0903200）支持。

# 自 序

2024 年 7 月 18 日，中国共产党第二十届中央委员会第三次全体会议通过了《中共中央关于进一步全面深化改革 推进中国式现代化的决定》，指出要"加强国家技术转移体系建设""加强技术经理人队伍建设"。

国家技术转移体系和技术经理人在促进科技与经济紧密结合等方面具有重要意义。国务院于 2017 年 9 月 15 日印发并实施的《国家技术转移体系建设方案》指出：国家技术转移体系是促进科技成果持续产生，推动科技成果扩散、流动、共享、应用并实现经济与社会价值的生态系统。建设和完善国家技术转移体系，对于促进科技成果资本化产业化、提升国家创新体系整体效能、激发全社会创新创业活力、促进科技与经济紧密结合具有重要意义。《高质量培养科技成果转移转化人才行动方案》（国科火字〔2023〕70 号）提出：以全面提高我国科技成果转移转化人才自主培养的质量，以优化人才供给结构、强化技术经理人市场化配置、搭建完成人才培养支撑体系为目标，推动我国科技成果转移转化人才队伍建设向高质量发展阶段迈进。

本书作者结合多年一线的实操工作经验，精心梳理了包括技术、科技成果转移转化与技术经理人相关的 5 个基本概念，汇集了科技成果转移转化 9 方面的能力清单，整理了 20 条技术经理人理念与实践、20 条科技成果转移转化理念与实践、20 个技术经理人的科技成果转移转化实践案例，指出了技术经理人的 5 个层次能力提升指引，提供了科技成果转移转化与技术经理人的 8 个工具，汇编成本书。本书是一本科技成果转移转化理念与实践相结合的书籍，希望其能为落实"加强国家技术转移体系建设""加强技术经理人队伍建设"助力。

邱超凡 杨晓非 周 航

2024 年 11 月 11 日

# 前　言

## 一、专家眼中的科技成果转移转化与技术经理人

第十四届全国人大代表、中国科学院院士、首都师范大学校长方复全：科技成果落地转化的关键一环就是复合型人才。我们需要大量像"技术经理人"一样的"蜜蜂型"人才，他们既有科研背景、懂得商业运作，又熟悉法律和财会等相关知识，进而能应用专业知识和实践经验，将高校科研院所的研发成果，更好转化为产品推向市场，实现从科学技术到产品应用的"嫁接"。

——摘自《北京日报》

在 2023 年武汉技术经纪人大赛开赛仪式上，中国科学院院士、时任中国地质大学（武汉）校长王焰新表示：技术经纪人或技术经理人是既懂技术又懂市场的高层次复合型人才。他指出，经过短期培训之后，不少人获得了"技术经纪人"的证书，但证书不能代表水平，相比一个证书，个人的资源整合能力和服务能力才是技术经纪人最好的品牌和口碑。

——摘自《武汉科技报》

科技成果转化"最后一公里"怎么打通？如何通过科技成果转化推动先进产业培育？怎样实现科创平台建设与地方产业发展的同频共振？中国工程院院士黄震认为，最重要的是要架起科研成果和应用之间的桥梁。搭建桥梁的不仅要有政府，更需要一支专业的技术经理人队伍。技术经理人不是一般人想象的中介"牵线人"概念，而是更高层次的技术经理人，他们不仅需要对技术的发展趋势、技术成果价值有非常独到的判断，还要有非常扎实的经济知识支撑，具备融资的魄力。

——摘自《中国宁波网》

十三届全国政协委员、西安艾尔菲生物科技有限公司董事长杨正国：技术经理人是指为促成他人技术交易而从事中介代理工作的专业人员。但是技术经理人素质参差不齐，亟须规范管理。建议成立行业协会，制定行业执业标准；组织编写全国通用的技术经理人培训教材，进行专业培训；开展技术经理人专业技术人员职业资格认定。

——摘自《人民日报》

## 二、做好科技成果转移转化需要正确的理念

众所周知，科技成果转移转化很难，但是科技成果转移转化为什么难？最主要的原因是什么？有观点认为，最难的是没有好成果，我们很多所谓的"成果"并不是真正的成果，巧妇也难为无米之炊；也有观点认为，最难的是没有好平台，我们缺少科技成果转移转化好交易平台；更有观点认为，最难的是没有好的承接企业，我们重视创新、愿意创新的企业太少了……我们认为，缺好成果，可以去挖掘，可以去熟化；缺好平台，可以去搭建，可以去运作；缺好企业，可以去扶持，可以去培育。但唯独缺一种东西，叫"正确的科技成果转移转化理念"，却很难去改变。

想要做好科技成果转移转化，首先就要有正确的理念，要做到真正了解科技成果转移转化，了解科技成果转移转化现状、挑战和机遇。在此基础上，才能去谈怎么做科技成果转移转化，再去谈怎么把科技成果转移转化做好。因此，科技成果转移转化培训要想更有成效，传授科技成果转移转化知识固然重要，但其实更重要的是传授正确的科技成果转移转化理念。国际经验和国内实践表明，技术经理人是促进创新链产业链资金链人才链深度融合、服务新质生产力发展的重要力量。技术经理人＝技术＋经理人，即做技术＋做经理＋做人。技术经理人，一是要懂技术，懂技术和科技成果转移转化，二是要懂技术运营，有运营技术的专业知识、能力和资源，三是要懂做人。技术经理人的培养，培训不是终点，而恰恰只是起点。通过培训，形成了正确的科技成果转移转化理念后，再通过理论与实践相结合的方式逐步去培养技术经理人。

　　思想到位，行动才有可能真正到位，正确的理念是做好科技成果转移转化的前提。科技成果转移转化要发展起来，先要从改变理念开始；要改变理念，先要从改变技术经理人的理念开始。

## 三、技术经理人在强化企业创新主体地位的作用

　　2024 年 6 月 24 日，习近平总书记在全国科技大会、国家科学技术奖励大会、两院院士大会上强调，要扎实推动科技创新和产业创新深度融合，助力发展新质生产力，并指出实现这种融合的基础是增加高质量科技供给，关键是强化企业科技创新主体地位，途径是促进科技成果转化应用。

　　党的二十届三中全会审议通过的《中共中央关于进一步全面深化改革 推进中国式现代化的决定》提出要 "加强国家技术转移体系建设" "加强技术经理人队伍建设"。

　　科技成果转移转化是科技创新的 "最后一公里"，是促进科学技术转变为现实生产力的关键环节。企业是科技创新的主体，也是科技成果转移转化的主体，是科技创新和科技成果转移转化的双主体。技术经理人是从事科技成果转移转化和产业化的专业人员，是联结创新链与产业链的关键纽带。

　　在企业中发展技术经理人非常必要，也很重要。技术经理人在企业中至少可以在以下三方面发挥作用：一是做好企业自身科技创新成果的产业化；二是通过产学研合作，引进高校、科研院所、医疗卫生机构和其他企业的科技成果在企业转化；三是推动企业自身科技创新成果在其他企业的转移转化。在企业中发展技术经理人，对强化企业创新和科技成果转化的主体地位将产生积极且重要的影响。

　　当前有不少在科技成果转移转化行业有影响力的技术经理人都来自如高校、科研院所和医疗卫生机构等体制内的管理部门。但在未来，技术经理人在企业的作用和发展更值得期待。相信会有越来越多来自企业的技术经理人发挥越来越重要的作用，成为促进科技成果转化应用、推动科技创新和产业创新深度融合、助力发展新质生产力的重要主体。当然，那些来自科技园区、投资机构等主体的技术经理人的作用和发展同样值得关注和期待。

# 目　录

CONTENTS

## 第六部分　技术经理人提升指引 / 151

# 第一部分

# 科技成果转移转化与技术经理人基本概念

　　什么是技术？有什么特点？什么是技术转移？什么是科技成果转化？技术转移与科技成果转化有什么区别与联系？什么是技术经理人？什么是技术经纪人？技术经理人与技术经纪人有什么区别与联系？技术经理人的主要工作任务有哪些？有什么工作流程？技术交易中的技术如何定价？为什么重要？本部分主要介绍科技成果转移转化与技术经理人的基本概念。

# 一、什么是技术？有什么特点？

《供发展中国家使用的许可证贸易手册》（世界知识产权组织1977年出版）指出，技术是制造一种产品的系统知识，所采用的一种工艺或提供的一项服务，不论这种知识是否反映在一项发明、一项外观设计、一项实用新型或者一种植物新品种，或者反映在技术情报或技能中，或者反映在专家为设计、安装、开办或维修一个工厂或为管理一个工商业企业或其活动而提供的服务或协助等方面。

业内普遍认同，技术可以商品化。技术要实现交易，商品化是前提。所以从某种意义上说，技术是商品，但又是不同于一般商品的特殊商品，具有一般商品属性的同时又具有其特性（见图1–1）。

技术商品的无形性　　　　　技术商品与其生产者难以简单地分离

技术商品使用的不灭性　　　技术商品的时效性

技术商品的风险性　　　　　技术的保密要求高

应用效果的差异性　　　　　技术商品价值一般都难以准确评价

图1–1 技术的特点

技术商品具有无形性，通常看不见摸不着，并且感觉不到；技术商品具有使用的不灭性，普通商品在使用过程中会不断地消耗、磨损、毁坏及消失，而技术在使用过程则无损耗，在使用后不会消失，通常也可以被反复使用；技术商品具有风险性，体现在开发、应用的全过程，周期长、成本高、成功率低等特点决定了技术商品的高风险性；技术商品具有应用效果的差异性，同样一件技术商品，不同的实施主体，在不同的区域、不同的时期、不同的领域，实施的效果可能存在很大的差异；技术商品通常难于与生产者简单分离，一方面技术在应用过程中通常需要技术生产者的技术支持，另一方面技术不会因为交易后，就从技术生产者的脑海中消除；技术商品通常都有很强的时效性，更新迭代特别快，新技术的出现，在很大程度上会影响旧技术的价值和交易；技术的保密要求高，很多技术是以技术诀窍的形式存在，就像一层窗户纸，一捅就破，所以要特别注重技术的保密；技术商品的价值通常难以准确评价，一方面是因为技术的价值是由多因素决定的，另一方面也是由技术应用效果的差异性所决定的。总之，技术是一种生产难、确权难、交易难的特殊商品。

## 二、什么是技术转移？与科技成果转化有什么区别与联系？

技术转移是人类的一项重要社会实践活动，通常是指某种技术（包括成熟的技术和处于发明状态的技术）由其起源地点或实践领域转而应用于其他地点或领域的过程。

2007 年 9 月科学技术部印发的《国家技术转移示范机构管理办法》对技术转移给出了确切的定义：技术转移是指制造某种产品、应用某种工艺或提供某种服务的系统知识，通过各种途径从技术供给方向技术需求方转移的过程。

《中华人民共和国促进科技成果转化法》（2015 年修订）（简称《促进科技成果转化法》）指出，科技成果转化是指为提高生产力水平而对科技成果所进行的后续试验、开发、应用、推广直至形成新技术、新工艺、新材料、新产品，发展新产业等活动。

如何理解科技成果转化？我们认为，首先要明确科技成果转化的目的，科技成果转化的目的是提高生产力水平；其次要弄清科技成果转化的对象，科技成果转化的对象并不是所有的科技成果，而是具有实用价值的科技成果；再次要明确科技成果转化的工作内容，对具有实用价值的科技成果进行"后续试验、开发、应用、推广"等其中的一个或多个活动都构成了科技成果转化的工作内容；最后要明确科技成果转化的成效，只有做到"直至形成新技术、新工艺、新材料、新产品，发展新产业等"才算是科技成果转化，最终要看科技成果转化的成效如何就要以结果为导向，看科技成果转化多大程度上"提高生产力水平"，生产力水平提高越多，科技成果转化的成效越好。

如果把科技成果比喻成种子，那么科技成果转化就是种子发芽成长开花结果的过程。要成功转化科技成果，种子首先要是一粒好的种子，是能发得了芽的种子，即科技成果适不适合转化是前提，需要具备一定的成熟度、先进性和市场性；其次好的种子想要发芽还需要土壤，即科技成果要转化需要有适合的承接企业；最后发了芽的种子要成长得好，要能开花并结果，需要有适宜的环境，有充足的阳光，需要给它不断地浇水和施肥，也即科技成果转化需要有好的政策环境，有好的生态，有好的服务机构，有专业技术经理人的服务，需要包括政府、资本和技术转移机构等多方的共同参与。

有观点认为，技术转移是国外的术语，国外的技术转移相当于国内的科技成果转化，技术转移和科技成果转化是同一个意思，是在不同的语境下分别使用的两个术语。也有观点认为，科技成果转化和技术转移是不同的两种概念，更是两种不同的模式，科技成果转化强调的是"化"，即科技成果或技术形态的变化；而技术转移强调的是"移"，即技术在空间位置上的变化。把科技成果比喻成种子，种子（包括种植技术）买卖是技术转移，从种子播种到开花结果到大面积种植再到优选优育的过程是科技成果转化（见图1-2）。技术转移使科技成果可以直接满足于市场的需求，比较简单快捷；成果转化需要在后续试验、开发、应用、推广等一系列的工作以后，才可以更好地满足技术需要方面的要求，所以难度更大一些。

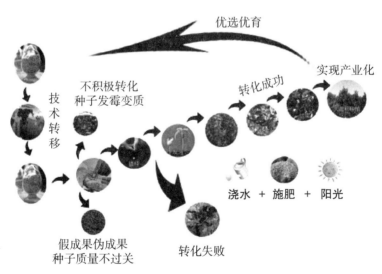

图1-2　技术转移与科技成果转化

还有观点认为，科技成果转化和技术转移虽然不同，但经常是"你中有我，我中有你"，经常"共生"在同一个经济活动中。为了实现科技成果转化，经常伴随着技术转移的发生；而实施技术转移，也往往是为了实现科技成果的转化。但二者的"共生"关系并不必然，实现科技成果转化，并不一定有技术转移，实现了技术转移，也不一定实施了科技成果转化。

在早些年，国内相关政策经常把两个概念混着用，有些文件用"技术转移"，有些文件用"科技成果转化"，有些文件"技术转移"和"科技成果转化"同时用。但近年来，越来越多的文件采用"科技成果转移转化"，如《教育部 科技部关于加强高等学校科技成果转移转化工作的若干意见》（教技〔2016〕3号）和《高质量培养科技成果转移转化人才行动方案》（国科火字〔2023〕70号）等。

我们认为，技术转移和科技成果转化确实是两个不同的概念。技术转移概念有狭义和广义之分，狭义的技术转移就是字面的意思，也即技术发生转移，和科技成果转移更接近；广义的技术转移是"科技成果转移 + 科技成果转化"，也即和科技成果转移转化更接近。在很多时候没有必要严格区分科技成果转化、技术转移及科技成果转移转化，它们表达的经常都是一个意思，但本书更倾向于用"科技成果转移转化"这个概念，因为最符合实践和实际。为了方便说明，本书没有严格区别科技成果转化、技术转移和科技成果转移转化等概念。

## 三、什么是技术经理人？与技术经纪人有什么区别与联系？

在国内，目前对从事科技成果转移转化人员的称呼有很多，除了"技术转移人才"，还有如"技术经纪人"、"技术经理人"、"科转人"、"技转人"、"科技经纪人"和"科学家经纪人"等称呼。但是这些称呼中，最被大众所接受的还是"技术经纪人"和"技术经理人"这两个称呼。

技术经纪人和技术经理人是一字之差天壤之别，还是大同小异？要了解技术经纪人和技术经理人这两个概念是否有区别，区别大与小，首先就需要知道技术经纪人和技术经理人的概念。但遗憾的是，技术经纪人和技术经理人的概念在业内并没有形成统一的意见。

什么是技术经纪人？有观点认为，技术经纪人是经纪人的一种，是指在技术市场中以促进成果转化为目的，为促成他人技术交易而从事居间、行纪或代理等经纪业务，并取得合理佣金的公民、法人和其他经济组织。

什么是技术经理人？国家发展和改革委员会规划司在《中华人民共和国国民经济和社会发展第十四个五年规划和 2035 年远景目标纲要》名词解释中专门做了解读。技术经理人一般是指在高校、科研院所等机构从事技术转移的专业人士。技术经理人需具备良好的技术背景，能够辨识科技项目的技术水平和应用场景，能帮助科学家寻找合适的合伙人、组建创业团队，熟悉科技成果转化的法律法规和操作程序。《中华人民共和国职业分类大典（2022 年版）》指出，技术经理人是在科技成果转移转化和产业化过程中，从事成果挖掘、培育、孵化、熟化、评价、推广、交易，并提供金融、法律、知识产权等相关服务的专业人员。北京市科学技术委员会、中关村科技园区管理委员会等 5 部门印发《关于推动北京市技术经理人队伍建设工作方案》的通知中指出，技术经理人是以推动技术产品化、商业化、市场化落地为目的，具备良好的专业技术背景，熟悉法务、金融、管理、知识产权等业务，拥有商业洞察力、资源组织能力及实务经验，能够辨识科技项目的技术水平和应用场景，能够帮助科学家寻找合伙人、组建创业团队，贯通科技成果转化关键环节的复合型跨界人才。

近年来，随着科技和经济的结合，特别是推动科技成果转移转化的需要不断增长，社会对科技成果转移转化人才的需求日益旺盛，从国家到各地方出台了一系列支持和激励举措。但这些政策文件关于从事科技成果转移转化人员的提法也不尽相同，有的只提到了"技术经纪人"，有的只提到了"技术经理人"，有的干脆两个都提或者都不提。例如：

2020 年，科学技术部火炬高技术产业开发中心（简称"火炬中心"）印发《国家技术转移专业人员能力等级培训大纲（试行）》，把技术转移专业人员能力等级分成初级技术经纪人、中级技术经纪人和高级技术经理人。

2020 年，科技部、教育部印发的《关于进一步推进高等学校专业化技术转移机构建设发展的实施意见》要求："技术转移机构要建立高水平、专业化的人员队伍，其中接受过专业化教育培训的技术经理人、技术经纪人比例不低于70%，并具备技术开发、法律财务、企业管理、商业谈判等方面的复合型专业知识和服务能力。"

2021 年，《中华人民共和国国民经济和社会发展第十四个五年规划和 2035 年远景目标纲要》指出，建设专业化市场化技术转移机构和技术经理人队伍、完善科研人员职务发明成果权益分享机制。

2022年，《技术经理人能力评价规范》（T/CASTEM 1007—2022）中对"技术经纪人"和"技术经理人"两个名称也给了同一个定义，即：在科技成果转移转化过程中，发挥组织、协调、管理、咨询等作用，从事成果挖掘、培育、评价、推广、交易并提供金融、法律、知识产权等相关服务的专业人员。

目前，业内对于要不要严格区分"技术经纪人"和"技术经理人"两个概念有着不同的看法。

一种观点是技术经纪人和技术经理人两者一字之差却是不同的概念。技术经理人的范围比技术经纪人广泛得多，不仅包括技术经纪人，还包括技术投资人、企业商务拓展（business development，BD）、政府部门和高校负责科技成果转移转化的人员。技术经理人并非大家过去误解的技术经纪人这么简单。这种观点主张严格区分技术经理人和技术经纪人，技术经纪人做的是科技成果转移转化的初级工作，而技术经理人做的是科技成果转移转化的高级工作（如《国家技术转移专业人员能力等级培训大纲（试行）》，把技术转移专业人员能力等级分成初级技术经纪人、中级技术经纪人和高级技术经理人），把技术经理人等同技术经纪人，那是看低技术经理人的重要价值。甚至有不少一线的技术转移从业人员介意被称作"技术经纪人"，希望被称为"技术经理人"（见表1-1）。

表1-1　技术经纪人和技术经理人的区别

| 区别 | 技术经纪人 | 技术经理人 |
|---|---|---|
| 范围 | 服务范围相对较窄，主要是居间中介和交易代理服务 | 服务范围覆盖技术转移的全流程，包括发明披露、发明评估、专利申请、市场营销、签署许可协议等 |
| 要求 | 主要强调居间协调和谈判能力，围绕技术交易相关的信息搜集与分析能力。其主要职责包括：收集技术的供求信息；接受供求双方委托，为其寻找合适的技术交易对象；对自己经纪的技术成果的可靠性、成熟性进行鉴定；审定卖方是否真正具有技术所有权；帮助买方进行可行性分析；在双方谈判过程中疏通障碍，协调分歧，促成交易 | 在能力上要求相对比较全面和综合。不仅包括围绕技术交易签约的中介服务，还包括技术转移前期的策划、调研、评估、规划，中期的后续服务项目展开，后期的技术市场化和产业化开发的组织。中高级技术经理人要求有大型技术转移项目的策划、运筹和管理实施能力，相关要素资源的组织和整合能力 |

| 区别 | 技术经纪人 | 技术经理人 |
|---|---|---|
| 能力 | 对技术委托方的业务进行有效、正确的预评估；与技术委托方签订经纪代理合同，确立双方的权利和义务；根据委托方的具体要求及合同规定，为委托方寻找买家和卖家；负责对接工作的策划和推广活动；负责企业技术需求的发布、洽谈和签约工作；负责有关活动的承办与策划工作 | 具有良好的技术背景，了解相关前沿科技动态，能够辨识科技项目的技术水平，熟悉相关应用场景；具有丰富的人力资源渠道，能够帮助科学家找到合适的合伙人并帮助快速组建创业团队；熟悉高校、科研院所科技成果转化相关规定及操作程序，了解相关法律法规；能够帮助做好项目对接科技孵化服务，加速技术到产品再到产业化的过程；能够帮助做好股权结构和融资方案设计，有能力为项目匹配到有耐心、懂科技的战略资源；能够帮助对接产业化资源，促进产品和服务打开销售市场，加速企业的成长 |

来源：中技网（有删改）

另外一种观点是，严格区分技术经纪人和技术经理人没有太大意义，实际上在国内技术经理人一直也被称为技术经纪人，也就是所谓的技术经纪人指的就是技术经理人。从事科技成果转移转化是实操很强的工作，关键还是看能力，称谓没有想象的那么大的差距。

我们认为，目前从事科技成果转移转化人员出现如"技术经纪人"、"技术经理人"、"科转人"、"技转人"和"科学家经纪人"等多个称谓是行业发展的必然阶段。严格区分技术经纪人和技术经理人在很多时候确实没有多大意义。但是我们认为，有必要对称呼进行统一，特别是在相关政策文件中要统一。

业内也有不少专家建议，统一技术经理人的规范名称，取消技术经纪人、科技经纪人等同义不同表达，统一确定为"技术经理人"。

目前，"技术经理人"的称呼已经被越来越多的业内人士所认可，越来越多的政策文件也开始统一用"技术经理人"这个词汇来代表这类人。为此，我们建议在相关政策文件中统一使用"技术经理人"这个称呼。

《中华人民共和国职业分类大典（2022年版）》把"技术经理人"作为新职

业纳入第二大类"专业技术人员"，编号 2-06-07-16，不仅说明这个职业新，同时说明这个职业的重要性，另外也说明从国家层面"建议"采用"技术经理人"这个称呼。

## 四、技术经理人的主要工作任务和典型工作流程是什么？

《中华人民共和国职业分类大典（2022 年版）》对技术经理人的主要工作任务进行了说明，主要包括以下八个方面的任务：

（1）收集、储备、筛选、发布各类科技成果信息，促进交易各方建立联系；

（2）为技术交易各方提供技术成果在科技、经济、市场方面评估评价、分析咨询、尽职调查、商务策划等服务；

（3）为交易各方提供需求挖掘、筛选、匹配和对接等服务；

（4）制定科技成果转移转化实施方案、商业计划书、市场调查报告等，开展可行性研究论证；

（5）组织各类资源促进技术孵化、熟化、培育、推广和交易；

（6）提供科技成果转移转化和产业化投融资相关服务；

（7）提供科技成果转移转化知识产权导航、布局、保护和运营等服务；

（8）提供科技成果转移转化合规审查、风险预判、争端解决等法律咨询服务。

《技术经理人能力评价规范》（T/CASTEM 1007—2022）指出，技术经理人在技术供给方、技术需求方，或专业化技术转移服务机构的不同工作场景下，工作侧重点有所不同，工作流程也存在一定区别。

技术供给方工作流程为：在高等院校、科研院所等科技成果供给机构（技术供给方）的科技成果转移转化工作中，技术经理人侧重以科技成果和成果权属人为核心，推动科技成果的落地转化，从而实现成果的经济价值，提高生产力水平。技术经理人在相关工作中重点要求具备科技管理、知识产权管理、流程管理、项目管理等组织管理能力（见图1-3）。

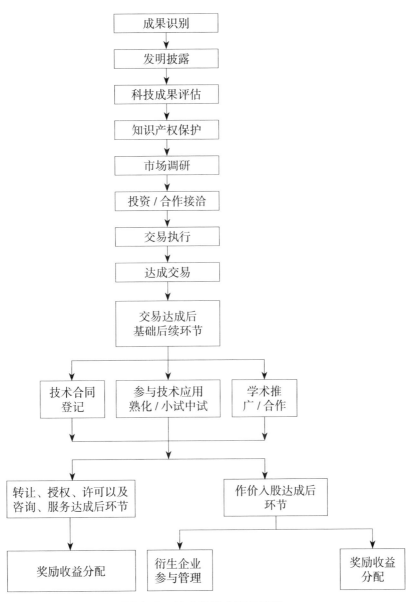

图 1-3　技术供给方工作流程

来源:《技术经理人能力评价规范》

技术需求方工作流程为: 在企业、行业、产业及相关组织技术吸纳机构(技术需求方)的科技成果转移转化工作中, 技术经理人侧重以需求挖掘和技术筛选为核心, 推动先进科技成果与自身需求的匹配结合, 解决由于科技落后或技术短缺造成的各类组织发展问题，或借助先进科技成果提升组织发展活力。技术经理人在相关工作中重点要求具备技术需求挖掘、科技成果筛选、对接洽谈等能力（见图1-4）。

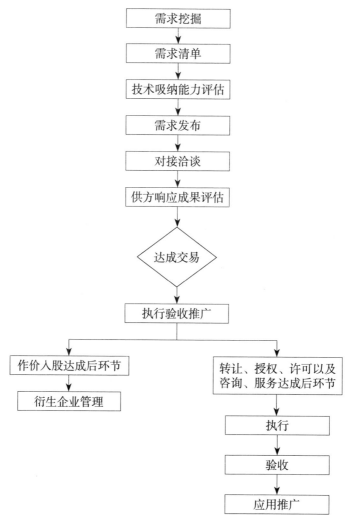

图 1-4　技术需求方工作流程

来源：《技术经理人能力评价规范》

专业化技术转移服务机构工作流程：在各类专业化服务机构、市场化平台机构的技术转移和技术商业化工作中，技术经理人侧重以市场、产业和社会需求为核心，推动实现技术成果的经济价值，满足各方的发展需求。技术经理人在相关工作中重点要求具备商务谈判、市场调查、资源调配等组织协调能力。在企业科技成果转化等更为复杂的综合工作场景中，技术经理人应掌握多种场景下的工作流程，包括：委托意向、接洽论证、委托达成、委托组织实施、服务改进等，以市场、产业、经济和社会进步发展需求为导向，提供资源整合、平台搭建、合作交流、供需对接等服务，发挥全流程组织管理和协调作用。

## 五、技术交易中的技术如何定价？为什么重要？

业内普遍认为，技术定价是科技成果转移转化中非常重要的环节。技术定价如此重要，那么技术要如何定价？到底是什么最终决定了技术的价格？

我们认为，一项技术的价格可能与该技术的研究开发成本、预期经济效益、成熟程度、转移权限、复杂程度、市场供求情况、价款的支付方式、风险和买方掌握的信息量等多种因素相关（见图1-5）。

- 技术商品的研究开发成本
- 技术商品的预期经济效益
- 技术商品的成熟程度
- 技术商品的转移权限
- 技术商品的复杂程度
- 技术商品的市场供求情况
- 技术商品价款的支付方式
- 技术商品的风险
- 买方掌握的信息量

**图 1-5　技术商品的价格决定因素**

一般来说，一项技术的开发成本越高，技术的价格就越高；一项技术的预期效益越好，技术的价格也越高；同样一项技术，技术的成熟程度越高，越有利于卖出好的价格；技术的价格还和技术转移的权限有关，同样的技术采用转让、独占许可或者是普通许可、开放许可等不同的方式，最终的价格很可能完全不一样；一项技术的价格还和技术本身的复杂程度有关系，技术越复杂越不容易被掌握，价格可能也会受影响；技术的价格和市场供求情况也有很大的关系，市面上类似的技术有没有，对类似技术需求的企业多不多，都会对技术的价格产生影响；技术还和价款的支付方式有关系，是一次性付款，还是分阶段付款，又或者是"入门费 + 提成"，不同的价款支付方式，技术的价格通常也不一样；技术的价格和技术本身的风险有关，通常技术风险越高，不确定性越大，价格越低；技术还和买方掌握的信息量相关，信息不对称可能很大程度上影响技术的价格。

实际上，上面这些因素是表象的、看得到的常见因素，还有很多比如政策、人性等因素也会影响技术的价格，所有这些因素汇聚在一起，最后体现的就是技术价格。

那么，能不能建立一个计算公式，对上面涉及的因素进行加权后测算技术的价格？我们认为，理论上是可以的，但实践中却很难这么去操作。因为，同样一项技术对不同的购买方来说，价值可能完全不一样，在有用的购买方手中可能值数百万元甚至数千万元；但在没有用的购买方手上，可能一文不值。如果这项技术是专利，除了要花钱买，还要花钱支付越来越高的专利年费。所以，上述因素对最终技术的价格来说只是参考，最终还是取决于买卖双方的协商，甚至是"博弈"。

分析完决定一项技术的因素后，再来看看通常作为卖方的高校、科研院所是怎么去确定一项技术的价格。

《促进科技成果转化法》（2015 年修订）第十八条规定："国家设立的研究开发机构、高等院校对其持有的科技成果，可以自主决定转让、许可或者作价投资，但应当通过协议定价、在技术交易市场挂牌交易、拍卖等方式确定价格。通过协议定价的，应当在本单位公示科技成果名称和拟交易价格。"

虽然《促进科技成果转化法》规定了可以通过协议定价、挂牌交易、拍卖三种方式确定技术的价格，但在实践中，高校、科研院所的科技成果价格的确定大部分都是采用协议定价的方式。从 2018 年至 2021 年的《中国科技成果转化年度报告（高等院所与科研院所篇）》也可以看出，历年通过协议定价确定价格的技术均在 97% 左右。另外，高校、科研院所为了尽可能尽职免责，一般会找评估公司对科技成果的价格进行评估，作为协议定价的"依据"和"佐证"，然后按照有关流程进行公示（包括科技成果名称和拟交易价格等信息），或在技术交易市场挂牌或拍卖。

高校和科研院所通过协议定价确定技术价格时，通常和"三个预期"密切相关，一个是科研人员对技术价格的预期，另外一个是科研人员所在的高校或科研院所对技术价格的预期，还有一个是作为买方的企业对技术价格的预期。最终技术成交的价格是三种预期的"博弈"和"平衡"的结果。

在这三个预期中，我们认为，科研人员的预期最重要，最终达成交易的价格最好不能低于科研人员的预期价格，否则在后续转移转化的过程中，可能因为科研人员积极性不高而影响科技成果的产业化；企业的预期相对来说重要性排在最后，虽然企业通常是买卖中较为强势的一方，但也是最容易做决策的一方，流程最简单的一方，科技成果有用、价格合适就买，反之则不买；高校和科研院所预期的重要性介于两者之间，一般的成果，只要没有太大的国有资产流失的风险，通常都会尽可能去促成转移转化，当然高校和科研院所对最终技术是否买卖往往具有"一票否决权"。

技术的定价重要性不仅只是科技成果能不能交易的重要因素，还是技术交易后，能不能进一步转化出好成效的重要因素，所以技术的定价特别重要，也需要特别重视。

# 第二部分

# 技术经理人的科技成果转移转化能力清单

DIERBUFEN

技术经理人是从事科技成果转移转化和产业化的专业人士。为了做好科技成果转移转化这项专业的工作，技术经理人需要具备专业的能力。技术经理人具备的能力包括：（1）科技成果收集、筛选和推广的能力；（2）专利导航、布局、保护和运营能力；（3）概念验证、熟化、投融资等能力；（4）科技成果评估评价、转移转化分析咨询、转移转化尽职调查、转移转化模式设计能力；（5）需求挖掘、分析和发布能力；（6）供需匹配和对接能力；（7）商务策划、谈判和技术交易能力；（8）提供合规审查、风险预判、争端解决等法律咨询服务能力；（9）培养技术经理人、普及科技成果转移转化理念能力。

# 一、科技成果收集、筛选和推广能力

科技成果收集是指从各个渠道收集、搜罗科技成果的工作。科技成果筛选是指为了更好地促进科技成果转移转化，从收集的科技成果中找出具有实用价值或者为特定需求找出相应成果的工作。科技成果推广是指通过各种渠道，如媒体、展会、技术交流会等，宣传和推广收集和筛选的科技成果的工作（见表2-1）。

表 2-1 科技成果收集、筛选和推广知识和能力要求

| 能力名称 | 知识要求 | 能力要求 |
|---|---|---|
| 科技成果收集、筛选和推广能力 | 相关领域专业技术和行业基本知识；<br>技术信息分类、整理方法和工具；<br>互联网相关知识；<br>信息获取方法；<br>市场调查的理论、方法和工具；<br>新闻基本理论和基本知识；<br>互联网与新媒体信息发布方法；<br>营销推广相关知识；<br>信息发布标准及相关要求 | 成果搜索能力；<br>成果整理能力；<br>成果筛选能力；<br>成果发布能力；<br>成果推广能力 |

科技成果信息的来源主要包括国家科技成果转化项目库等各大科技成果平台，高校和科研院所官网、微信公众号、科技成果手册等，科技部门官网、成果征集信息、科技计划项目等，各类科技成果对接活动、相关公开报道、文献和专利库等。科技成果信息主要由成果名称、成果简介、成果来源、成果完成单位、成果完成时间、成果完成人、联系方式、成果类型、成果状态、转化方式、应用行业及与该项成果有关的专利、标准、软件著作权、植物新品种等信息组成。为便于管理收集的科技成果，需要对科技成果进行筛选并分类，为后续的跟踪服务、推广和转化做好基础工作。科技成果收集、筛选和推广能力是技术经理人做好科技成果转移转化工作的基本能力之一。

## 二、专利导航、布局、保护和运营能力

专利导航，以专利分析和专利信息资源利用为基础，把专利运用嵌入产业技术创新、产品创新、组织创新和商业模式创新之中，是引导和支撑产业科学发展的一项探索性工作。专利布局，是指综合产业、市场和法律等因素，对专利进行有机结合，构建严密高效的专利保护网，最终形成专利组合的工作。专利保护，是指专利权人通过协商、请求专利行政部门干预或诉讼的方法，保护专利在未经许可的情况下，不被商业性制造、使用、许诺销售、销售或者进口的行为。知识产权运营，是一种以专利权为核心的商业活动，旨在通过有效的管理和运用，实现专利技术的价值最大化，专利运营不仅包括对专利或专利申请的管理，还包括促进专利技术的应用和转化，以及利用专利权进行资本运作等活动（见表2-2）。

表2-2　专利导航、布局、保护和运营知识和能力要求

| 能力名称 | 知识要求 | 能力要求 |
| --- | --- | --- |
| 专利导航、布局、保护和运营能力 | 相关领域专业技术和行业相关知识；<br>知识产权相关法律制度；<br>专利、商标基本知识及申请流程；<br>专利、商标检索工具及使用方法；<br>专利导航等相关知识及服务流程；<br>专利布局等相关知识及服务流程；<br>协商、请求专利行政部门干预或诉讼等相关知识及服务流程；<br>专利运营等相关知识及服务流程 | 专利导航能力；<br>专利布局能力；<br>协商、请求专利行政部门干预或诉讼等专利保护能力；<br>专利许可、转让和作价等运营能力 |

专利导航的主要目的是探索建立专利信息分析与产业运行决策深度融合、专利创造与产业创新能力高度匹配、专利布局对产业竞争地位保障有力、专利价值实现对产业运行效益有效支撑的工作机制，推动产业的专利协同运用，培育形成专利导航产业发展新模式。专利运营涉及专利权的创造、布局、转让、许可、投资、整合，以及利用专利权进行资本运作，如专利权质押融资等环节，目的在于通过市场化运作，实现专利权的市场经济价值，获取利益，实现盈利。

## 三、概念验证、熟化、投融资能力

概念验证是指从技术、市场、产业等维度，对科技成果进行验证，旨在验证技术可行性，并判断商业价值、评估市场潜力，是吸引社会资本推动科技成果形成产品、迈向市场化产业化应用阶段的重要环节。熟化是指将技术成果从研发阶段经过小试、中试等环节，推动科技成果由样品到产品甚至是商品，有效地将实验室中的研究成果转化为具有市场应用价值产品或服务的工作。投融资是指为项目或企业争取投资者资金投入的工作（见表2-3）。

表2-3　概念验证、熟化、投融资知识和能力要求

| 能力名称 | 知识要求 | 能力要求 |
|---|---|---|
| 概念验证、熟化、投融资能力 | 相关领域专业技术和行业相关知识；<br>概念验证服务的相关知识和流程；<br>小试、中试、孵化和熟化相关知识和流程；<br>金融、信贷、证券、担保等方面的相关知识和流程；<br>风险投资等相关知识和流程；<br>融资管理、资本运作及股权退出知识；<br>公司运作管理知识 | 概念验证能力；<br>熟化能力；<br>投融资能力 |

概念验证主要帮助弥合科技成果与可市场化成果之间的鸿沟，促使科技成果成功踏出转化的"最初一步"，并吸引进一步的投资，以打通科技成果转移转化的相关阻碍，是助力早期科技成果跨越"死亡之谷"、转化为现实生产力的重要创新环节。熟化是科技成果转移转化的重要环节，也是科技成果从实验室走向实际应用的关键步骤，在科技成果转移转化过程中起着承上启下的关键作用。资金是科技成果转移转化的必要条件，资金在保证研发、促进转化、扩大生产等各个环节中都不可或缺，是科技成果向商品转化的桥梁。

## 四、科技成果评估评价、转移转化分析咨询、转移转化尽职调查、转移转化模式设计能力

科技成果评估评价是对科技成果在科技、经济、市场方面，包括工作质量、技术水平、实际应用和成熟程度等进行的客观、具体、恰当评价的工作。科技成果转移转化分析咨询，是对科技成果转移转化的方案等进行分解、分析，并为解决问题、改进方案、提高效率等提供咨询的工作。科技成果转移转化尽职调查是对成果情况、团队情况、承接企业情况和法律关系等机会与潜在的风险进行的一系列调查，作为科技成果转移转化的决策支持的工作。科技成果转移转化模式设计，是根据科技成果成熟度、知识产权、经费投入、收益与风险、科研人员参与度情况等设计科技成果转移转化方式、模式和流程等的工作（见表2-4）。

表2-4  科技成果评估评价、转移转化分析咨询、转移转化尽职调查、
转移转化模式设计知识和能力要求

| 能力名称 | 知识要求 | 能力要求 |
| --- | --- | --- |
| 科技成果评估评价、转移转化分析咨询、转移转化尽职调查、转移转化模式设计能力 | 相关领域专业技术和行业相关知识；<br>技术商品与技术市场知识；<br>技术成熟度评价及指标体系；<br>技术价值评估工具、方法和流程；<br>转移转化分析咨询相关知识；<br>转移转化尽职调查相关知识；<br>科技成果转移转化方式、模式和流程等相关知识 | 科技成果评估评价能力；<br>转移转化分析咨询能力；<br>转移转化尽职调查能力；<br>转移转化模式设计能力 |

科技成果转移转化涉及的要素和环节较多，评估评价和转移转化尽职调查是做好科技成果转移转化的前提。科技成果转移转化是复杂的系统工程，在转移转化过程中会碰到各种各样的问题，委托专业的机构和人士，对科技成果转移转化进行分析和咨询非常重要。不同的科技成果在转移转化方式和路径选择上差距很大，需要根据成果的性质、技术含量、转移转化所需要的资源等情况，选择不同的转移转化方式、模式和流程。

## 五、需求挖掘、分析和发布能力

需求挖掘，是主动通过一系列的方法、渠道获取用户非表层（深层次）真实技术需求的工作。需求分析，是指对技术需求进行详细的分析，弄清楚技术需求的具体要求的工作。需求发布，是指通过会议、上网等各种形式将需求公之于众的工作（见表2-5）。

表2-5　需求挖掘、分析和发布知识和能力要求

| 能力名称 | 知识要求 | 能力要求 |
|---|---|---|
| 需求挖掘、分析和发布能力 | 相关领域专业技术和行业知识；<br>互联网相关知识；<br>信息获取方法；<br>市场调查的理论、方法和工具；<br>技术信息分类、整理方法和工具；<br>新闻基本理论和基本知识；<br>互联网与新媒体信息发布方法；<br>营销推广相关知识；<br>需求信息获取、挖掘、分析、整理和发布知识 | 需求挖掘能力；<br>需求分析能力；<br>需求发布能力 |

技术需求的挖掘工作是技术经理人开展科技成果转移转化的重要工作任务之一，是开展科技成果转移转化的关键和前提之一，是一项长期的、专业化、系统性的工作。有专家建议，要引进或组建第三方科技服务机构，进行技术需求挖掘，用专业的人做专业的事。需求挖掘的目的就是使用，只有把挖掘获得的需求利用好了，才会促进更好地做好需求挖掘工作。需求在使用之前，需要对技术需求进行快速有效的筛选，并进行发布和推广。

## 六、供需匹配和对接能力

供需匹配，是指对科技成果和技术需求进行匹配的工作。供需对接，是为科技成果提供方和技术需求方提供对接的工作（见表2-6）。

表 2-6　供需匹配和对接知识和能力要求

| 能力名称 | 知识要求 | 能力要求 |
|---|---|---|
| 供需匹配和对接能力 | 相关领域专业技术和行业知识；<br>供需匹配相关知识；<br>沟通和组织相关知识；<br>营销推广相关知识；<br>成果供需对接相关知识 | 供需匹配能力；<br>供需对接能力 |

做好科技成果转移转化需要"双向奔赴"，不仅需要供给方的好成果，也需要需求方的好需求。供需匹配是开展科技成果对接的前提和基础，科技成果对接是促进科技成果有效转移转化及提高科技成果转化率的重要过程和关键手段。

## 七、商务策划、谈判和技术交易能力

技术交易商务策划，是在充分了解技术市场各主体诉求及其拥有的优势和劣势的基础上，致力于提供有针对性的政策组合、融资组合、交易模式，最终促成交易的活动规划。商务谈判，是指当事人就科技成果转移转化涉及的如方式、价格、知识产权归属等问题，确定各自权利与义务而进行的谈判。技术交易是以技术为标的、技术供需方和中介方通过交易的方式实现技术产权的转移、转化、授权、交流，使技术得到有效利用的活动（见表 2-7）。

表 2-7　商务策划、谈判和技术交易知识和能力要求

| 能力名称 | 知识要求 | 能力要求 |
|---|---|---|
| 商务策划、谈判和技术交易能力 | 相关领域专业技术和行业知识；<br>商务策划相关知识；<br>商务谈判相关知识；<br>技术商品的营销知识；<br>技术交易模式与方式基本知识和流程；<br>技术交易服务平台的主要功能、运行模式等 | 商务策划能力；<br>商务谈判能力；<br>技术交易能力 |

商务策划是为了更好地促进技术交易的一种活动。商务谈判是买卖双方为了促成交易而进行的活动，或是为了解决买卖双方的争端，并取得各自的利益的一种方法和手段，是技术交易必不可少的组成部分。技术交易是技术流动和实现技术经济社会价值及科技成果、知识产权转化的重要形式之一。商务策划和商务谈判的目的就是促成技术交易。

## 八、合规审查、风险预判、争端解决等法律咨询服务能力

合规审查，是指对科技成果转移转化的合规性进行审核与检查，对违规行为进行及时整改纠正，并持续监督，保障科技成果转移转化合规性的工作。风险预判，是指在科技成果转移转化之前对转移转化过程中及结果可能出现的风险进行预测，并制订对策，从而预防风险发生的一种工作。争端解决，是指对科技成果转移转化过程中出现的争端进行解决的行为，主要包括协商、调解、仲裁和诉讼等方式（见表2-8）。

表2-8　合规审查、风险预判、争端解决等法律咨询服务知识和能力要求

| 能力名称 | 知识要求 | 能力要求 |
| --- | --- | --- |
| 合规审查、风险预判、争端解决等法律咨询服务能力 | 相关领域专业技术和行业相关知识；<br>科技法律法规、知识产权法律法规、《中华人民共和国民法典》、《中华人民共和国公司法》及相关科技政策等；<br>技术合同订立相关知识；<br>国有资产相关管理规定 | 合规审查能力；<br>风险预判能力；<br>争端解决能力 |

科技成果转移转化涉及的法律法规多，政策性强，在转移转化的过程中经常会涉及国有资产的处置问题，委托专业的机构和人士，对科技成果转移转化进行合规审查、风险预判、争端解决等法律咨询服务非常重要。

## 九、培养技术经理人、普及科技成果转移转化理念能力

培养技术经理人，是指按照一定的要求教育和训练被培养人，使之成为服务科技成果转移转化和产业化专业人员的活动。普及科技成果转移转化理念，是指利用各种方式以浅显的、通俗易懂的方式，让公众接受科技成果转化知识、传播科技成果转移转化理念的活动（见表2-9）。

表2-9　培养技术经理人、普及科技成果转移转化理念知识和能力要求

| 能力名称 | 知识要求 | 能力要求 |
| --- | --- | --- |
| 培养技术经理人、普及科技成果转移转化理念能力 | 《国家技术转移专业人员能力等级培训大纲（试行）》；科技成果转移转化相关知识 | 具有开展科技成果转移转化的能力；具备培养技术经理人的能力；普及科技成果转移转化理念的能力 |

为加强国家技术转移人才培养体系建设，规范专业化技术转移从业人员能力等级培养模式，科技部火炬中心组织有关单位编制完成了《国家技术转移从业人员能力等级培训大纲（试行）》，该大纲对课程设置、学时要求、培训方式和考核要求等进行了详细说明。要做好培养技术经理人、普及科技成果转移转化理念的工作，需要培养人有较为丰富的科技成果转移转化实操经验，有促成技术交易的成功案例，在业内有较高的知名度，具备培养技术经理人、普及科技成果转移转化理念的能力。

# 第三部分

# 技术经理人理念与实践

DISANBUFEN

哪些人适合从事科技成果转移转化？从事科技成果转移转化需要做好哪些准备？技术经理人要学习哪些知识？为什么说学习能力是技术经理人最不可或缺的能力？如何认识技术经理人的作用？技术经理人要如何转型成为职业经理人？怎样才是社会认可的技术经理人？如何理性看待当下技术经理人的热度？本部分整理了20条技术经理人理念与实践。

# 一、哪些人适合从事科技成果转移转化?

科技成果转移转化是一个专业性很强的工作。有一种说法为,做好科技成果转移转化工作的关键在人。那么,什么样的人适合从事科技成果转移转化?

我们认为,科技部火炬中心在 2020 年发布的《国家技术转移专业人员能力等级培训大纲(试行)》中指出了大部分的人群。

《国家技术转移专业人员能力等级培训大纲(试行)》的培训目标是培养高素质、专业化技术转移转化人才,培训的对象包括以下九类:

(1)具有大专以上学历的各类技术转移服务机构从业人员;

(2)高等院校、科研院所研发人员与成果转化人员;

(3)科技型企业负责人、市场经理、产品经理、技术转移部门负责人;

(4)科技园区管理高层和技术经济管理人员;

(5)政府科技管理和技术转移职能部门负责人;

(6)为技术转移提供法律、商务、知识产权服务的人员;

(7)提供技术转移相关服务的第三方机构人员;

(8)技术研发、技术交易、技术转移等各类培训机构的师资与服务人员;

(9)投资机构的投资经理等。

我们认为,大纲列出的这九类人群就是适合从事科技成果转移转化的群体。除了上述九类群体外,一些如连续创业的企业家等也是适合从事科技成果转移转化的人群。

最后需要强调的是,适合从事的群体不代表就是专业化的人才,更不代表能做好科技成果转移转化。要做好科技成果转移转化,成为科技成果转移转化人才,需要在实践中不断学习科技成果转移转化知识、不断提升能力。

# 二、从事科技成果转移转化需要做好哪些准备?

身边有越来越多的人投身或准备投身到科技成果转移转化行业。我们既高兴又担忧,高兴的是,随着越来越多人看好、关注和投身科技成果转移转化行业,科技成果转移转化会越来越好;担忧的是,这些投身或准备投身科技成果转移转化行业的人做好准备了吗？

科技成果转移转化的门槛很低也很高。低是因为广义的科技成果转移转化很多人都可以做，而且都在做。从目前从事科技成果转移转化的群体可以发现，有来自政府部门的，有来自高校、科研院所和医疗卫生机构的，有来自企业的，有科研管理人员、科研人员，有全职的，也有兼职的。不夸张地说，不需要有经验，甚至不需要有证件……加上国家及各省市相关政策的纷纷出台，一时之间很多人"零基础、零门槛"就进入了科技成果转移转化这个行业。

为什么说科技成果转移转化的门槛也很高？科技成果转移转化要成为职业，而且是挣钱的职业，要持续挣钱，那门槛就非常高了。科技成果转移转化是一个非常依赖资源的行业，需要有集聚成果、资金、人才、信息、管理、基础设施和市场等多种要素的能力，这可不是一般人或团队具备的。另外，技术具有"非标性、慢消性，看不见、摸不着、感觉不到，链条长、风险大、不确定"等特点，从而决定了技术是一种生产难、确权难、交易难的特殊商品。从事科技成果转移转化的人要懂技术、懂经营、懂金融、懂市场、懂管理，是复合型人才，除需要掌握科技成果转移转化的基本知识外，还要懂技术和专利，懂市场和商业，懂金融财务和政策法规，需要具备专业科学技术、政策法规、技术经纪、财会金融、经营管理等多方面的知识。从这个角度来说，科技成果转移转化行业有很高的行业壁垒。

总之，科技成果转移转化是一个"入行门槛低、精深门槛高"的行业。把科技成果转移转化当作职业，当作事业，门槛一定不低。要做好科技成果转移转化，需要拥有或者具备整合多种创新要素的能力，以及让这些要素有效共同作用的机制。

所以，投身科技成果转移转化前，建议先自问以下五个问题：掌握科技成果转移转化相关知识了吗？有科技成果转移转化对接资源吗？有科技成果转移转化团队吗？能拓展具有核心竞争力的科技成果转移转化业务吗？做好长期困难的准备了吗？

科技成果转移转化需要很强的专业知识；科技成果转移转化是一个很依赖资源的行业；科技成果转移转化涉及流程长、涉及面广、难度高，需要团队协作；科技成果转移转化赚钱不容易，需要有核心竞争力；技术商品的特殊性，使科技成果转移转化难度比想象的要大得多。回答好了这些问题，了解了以上困难，再去努力做。

## 三、技术经理人要学习哪些知识？

为加强国家技术转移人才培养体系建设，规范专业化技术转移从业人员能力等级培养模式，火炬中心组织有关单位编制完成的《国家技术转移从业人员能力等级培训大纲（试行）》，对课程设置、学时要求、培训方式和考核要求等进行了详细说明。

初级学习的课程包括公共知识模块、政策法规模块和实务技能模块一共三大部分，内容涉及技术转移的一般知识、相关科技法律政策知识和金融知识等（见表3-1）。

表 3-1　初级培训内容

| 知识模块 | 课程名称 |
| --- | --- |
| 公共知识模块 | 技术商品与技术市场 |
| | 技术转移与成果转化 |
| | 技术经纪与技术经纪人（技术经理人） |
| | 科技服务业 |
| | 技术转移服务规范 |
| 政策法规模块 | 科技法律法规 |
| | 知识产权法律法规 |
| | 《民法典》 |
| | 商法与《公司法》 |
| | 科技政策 |
| 实务技能模块一 | 需求甄别与分析 |
| | 技术评估评价实务 |
| | 融资渠道与金融工具 |

| 知识模块 | 课程名称 |
|---|---|
| 实务技能模块一 | 技术交易商务策划 |
| | 技术合同登记 |
| | 案例研讨与分析 |

中级学习的课程在初级的基础上，加上实务技能模块二，包括创业孵化、专利申请相关知识（见表 3-2）。

表 3-2　中级学习增加的培训内容

| 知识模块 | 课程名称 |
|---|---|
| 实务技能模块二 | 创业孵化 |
| | 中试熟化与技术集成 |
| | 企业并购与技术作价入股 |
| | 资本募集与基金运营 |
| | 专利申请 |
| | 商务谈判技巧 |
| | 盈利模式与案例分析 |

高级学习的课程在初级和中级的基础上，加上实务技能模块三和能力提升模块，包括商业运作、知识产权运营和财会金融等知识内容（见表 3-3）。

表 3-3　高级学习增加的培训内容

| 知识模块 | 课程名称 |
|---|---|
| 实务技能模块三 | 专利撰写 |
| | 商业计划书撰写 |

| 知识模块 | 课程名称 |
|---|---|
| 实务技能模块三 | 知识产权资本化与专利运营 |
| | 国际技术转移 |
| | 实操案例分析 |
| 能力提升模块 | 经济学基础知识 |
| | 金融基础知识 |
| | 财会、税务基础知识 |
| | 产业技术领域基础知识 |

从该大纲可以看出，技术经理人除需要掌握科技成果转移转化的基本知识外，还要懂技术、懂市场和商业、懂金融财务和政策法规，需要具备专业科学技术、政策法规、技术经纪、财会金融和经营管理等多方面的知识。

根据大纲，结合实践，我们建议技术经理人需要学习以下专业知识：

（1）科技成果转移转化通识知识

技术及技术商品的特点；技术市场的概念，技术市场的起源，技术市场的功能定位，技术市场的体系构成，技术市场的资源配置等；技术转移概述，科技成果和科技成果转化概述，技术转移和科技成果转化的关系，我国技术转移和成果转化发展历程与现状等；技术经理人的起源与发展，技术经理人概述、作用、主要任务和素质要求；技术转移服务规范，包括技术转移服务通用流程，技术转让服务、技术评价服务、技术投融资服务等服务内容、服务要求和服务流程等。

（2）科技成果转移转化政策知识

科技成果转化改革与趋势；国家各类科技成果转化政策，包括《科技进步法》、《促进科技成果转化法》及其若干规定、《民法典》、《公司法》以及促进技术转移与成果转化的税收政策等；相应省市和相关领域科技成果转化政策等。

（3）知识产权知识

知识产权的概念和特征，专利、技术秘密、计算机软件著作权、集成电路布图设计专有权、植物新品种权概述等；专利申请所需文件和要求，专利的申请流程，专利申请的优惠政策，专利代理机构、专利申请工具和服务平台的作用等；专利申请前评估、专利导航和专利布局等；知识产权运用与保护，包括知识产权许可、转让、作价投资、抵押等和知识产权侵权诉讼等；常见知识产权风险与防范等。

（4）技术交易知识

技术需求挖掘、甄别与分析，包括技术需求的概述，需求挖掘的概述，需求挖掘的必要性，技术需求的甄别与分析等；技术与市场评估评价，包括市场法、成本法、收益法评价及其指标体系，技术成熟度评价及其指标体系，技术价值、经济价值、实施风险评价方法，评估评价原则和流程；科技成果活动策划与对接的流程及注意事项等；成果转化方式（商业化形式）的概述、选择、流程及注意事项；科技成果定价的方式、比较和一般操作流程；商业计划书撰写，包括商业计划书的基本内容和撰写的技巧等；商务谈判的一般环节、技巧和注意事项等；技术合同的分类、一般组成、签订要点、认定登记及相关免税政策等。

（5）科技成果转移转化运作知识

科技成果赋权的政策、常见模式、适用范围、一般步骤和注意事项等；科技成果单列管理的概述、政策和具体实施流程；概念验证的概述、政策、平台建设要求和注意事项等；中试熟化的概述、政策、平台建设要求和注意事项等；创业孵化链条，我国创业孵化现状与发展趋势，孵化载体平台建设与运营；投融资的概述和主要渠道等；拨投结合的概述、政策和实施步骤；先使用后付费的概述、政策和实施步骤；企业并购的方式，并购中的知识产权尽职调查及报告撰写，股东结构与股权比例，技术并购与作价入股风险防控等；国际技术转移的概述及其特征，发达国家知名技术转移机构运营模式与成功经验，跨国技术转移的路径选择与风险，跨国技术合同的签订与限制性条款等。

（6）科技成果转移转化合规知识

职务科技成果管理和处置的相关规定；科技成果转化各种方式的一般审批流程和合规注意事项；科技成果转化奖励的政策、对象、步骤和注意事项；科技成果转化尽职免责的政策及适用范围；科技成果交易的法律风险及防范；科技成果转化巡视和审计关注的重点。

## 四、为什么说学习能力是技术经理人最不可或缺的能力？

技术经理人要做好科技成果转移转化通常需要具备信息挖掘能力、评估判断能力、营销推广能力、组织协调能力和学习研究能力等。那么，为什么说学习能力是技术经理人最不可或缺的能力？主要有以下几个方面的原因：

一是因为技术经理人是懂技术、懂经营、懂金融、懂市场、懂管理的复合型人才。技术经理人除需要掌握科技成果转移转化的基本知识外，还需要具备专业科学技术、政策法规、技术经纪、财会金融和经营管理等多方面的知识。要掌握这么多知识，学习研究能力不可或缺。

二是因为以技术为主要对象的科技成果转移转化，通常表现出"低频、高难、非标和长线"等特征。为此，科技成果转移转化没有完全可以照抄或照搬的套路，技术经理人必须在学习借鉴经验的基础上，研究每一次科技成果转移转化的实际情况，探索和实践适合的路线和方式。在这个过程中，学习研究能力不可或缺。

三是因为这是一个知识更新速度不断加快的时代。科技成果转移转化的知识更新换代更快，知识更新的要求更高，技术经理人要做好科技成果转移转化，学习研究能力不可或缺。

四是因为学习研究能力是技术经理人掌握其他能力的基础。技术经理人要具备信息挖掘能力、评估判断能力、营销推广能力、组织协调能力等，就必须具备学习研究能力。只有具备了学习研究能力，技术经理人才能更好掌握其他能力，或者说，只要具备了很强的学习研究能力，技术经理人就可以很好地去掌握其他能力，从某种意义上说，学习能力是技术经理人的"元能力"，不可或缺。

做好科技成果转移转化工作，一个很重要的要求就是具备较强的学习能力。那么，科技成果转移转化知识到底要怎么学习？建议做好以下六个方面的工作。

一是建议学习要注意广度。技术经理人在学习科技成果转移转化知识时，尽可能相关知识都要有所涉猎，在学习时，既要向书本学习，也要向实践学习，既要向一线的技术经理人学习，向专家学习，也要学习国外的有益经验。

二是建议学习要注意深度。科技成果转移转化涉及的知识很多，但是一个人的精力毕竟是有限的，不可能面面俱到，也很难做到各方面知识都精通。建议根据自身的学科背景，有所侧重，深度学习，成为某个领域的专家。

三是建议学习要结合实践需要。技术经理人要坚持实践什么学习什么、缺什么学习什么，有针对性地学习掌握做好科技成果转移转化工作必备的各种知识。

四是建议学以致用、用以促学、学用相长。学习的目的全在于使用，技术经理人加强学习的根本目的是增强科技成果转移转化工作能力、提高解决科技成果转移转化实际问题的水平。读书是学习，使用也是学习，并且是更重要的学习，坚持干中学、学中干。

五是建议学习和思考、学习和实践相辅相成。技术经理人只有脑子里装着科技成果转移转化的问题了，想解决科技成果转移转化问题了，想把问题解决好了，才会自觉去学习，真正把科技成果转移转化的知识学习好。

六是建议学习要持之以恒。学习不是一朝一夕的事，日常的学习很重要，坚持日常的学习更重要。另外，善于利用碎片的时间学习是一种很好的方式。

## 五、为什么说技术经理人是典型的 T 型人才？

什么是 T 型人才？T 型人才的概念是由哈佛商学院教授巴登（Dorothy Barton）在其所著的《知识创新之泉》中提出的。

字母"T"一横一竖，"一"表示有广博的知识面，"|"表示知识的深度。T 型人才集深与博于一身，不仅在横向上具备比较广泛的一般性知识修养，而且在纵向的专业知识上具有较深的理解能力和独到见解，较强的创新能力。

跨领域、跨专业的知识与思维广度

专
业
素
养
深
度

从技术经理人需要掌握的知识及从事科技成果转移转化的实践，我们不难发现，技术经理人是典型的 T 型人才。要做好科技成果转移转化，技术经理人需要有"—"的知识，也即要有广博的知识面，同时也需要有"l"的知识，也即要深度的专业知识，只有这样才可能真正把科技成果转移转化工作做好。

跨领域、跨专业科技成果转移转化知识与思维广度

某
个
专
业
素
养
深
度

科技成果转移转化涉及的知识很多，但是一个人的精力毕竟是有限的，知识面不可能面面俱到，也很难做到都精通。建议在懂科技成果转移转化通识知识的前提下，根据自身的学科背景，有所侧重，成为某个领域的专家，然后在从事科技成果转移转化的过程中，和团队成员互补。

## 六、如何认识技术经理人的执业资质?

《高质量培养科技成果转移转化人才行动方案》（国科火字〔2023〕70 号）提出，要探索形成以"培训＋考试＋实操＋绩效"综合认证"技术经理人"执业资质的职业化发展模式，到 2025 年，在各类技术转移和成果转化相关机构内从业的职业技术经理人要不少于 1 万人。

什么是技术经理人执业资质？和现在的技术经理人等级证书、技术转移职称证书一样吗？

近年来，各地的国家技术转移人才培养基地纷纷加大了科技成果转移转化人才的培养力度，有一批科技成果转移转化从业人员获得了国家技术转移人才培养基地颁发的初级、中级、高级技术经理人的证书。

为建立符合科技成果转移转化特点的职称评审制度，目前西安、成都、北京、湖北、辽宁、天津、山东、山西、广东、宁夏和福建等多省市出台有关科技成果转移转化人才职称评审管理办法，其中有些省市已经实际开展了相关评审工作，已有一批从事科技成果转移转化的人才获得了初级、中级、副高级甚至是正高级职称。

国家技术转移人才培养基地颁发的初级、中级、高级技术经理人证书和上述各省市推动的科技成果转移转化职称没有必然联系。简单来说，初级技术经理人可能是高级职称，而高级技术经理人可能却是初级职称。但是，目前也有不少省市把是否取得国家技术转移人才培养基地颁发的相关证书作为评聘科技成果转移转化职称的重要依据，甚至是必要条件。

执业资格是政府对某些责任较大、社会通用性强、关系公共利益的专业技术工作实行的准入控制，是专业技术人员依法独立开业或独立从事某种专业技术工作学识、技术和能力的必备标准。执业资格实行注册登记制度。实际上，早在1997年9月，国家科学技术委员会（科技部前身）就印发了《技术经纪资格认定暂行办法》，但是在2006年10月，又取消技术经纪人资格认定。

近年来，也有不少专家建议恢复技术经理人（技术经纪人）的执业资格。第十四届全国政协委员周世虹建议，将技术经纪人纳入国家职业资格目录。目前，技术经纪人行业已经实际存在，部分地区已经开展了技术经纪人专项培训，设立技术经纪人事务所，一大批技术经纪从业人员正在科技成果转移转化领域发挥重要作用。将技术经纪人纳入国家职业资格目录既有政策依据，又有客观现实需要，名正言顺，水到渠成。

第十三届全国政协委员杨正国指出，随着技术经理人队伍的迅速扩张，粗放式发展和爆炸性需求带来的问题随之显现。技术经理人缺乏权威的职业资格认定，缺乏系统的技能培训，缺乏专业的业务指导，素质参差不齐，执业水平难以监督，急需进行规范和管理。建议成立"中国技术经理人协会"，建立行业自律规则、行业准入标准、职业培训与继续教育体系等。

中国民主同盟中央委员会《关于建立完善技术转移市场　促进科技成果落地转化的提案》中也建议，将技术经理人纳入国家职业资格体系，确立技术转移服务从业者的法律地位和社会功能，逐步建立初级、中级、高级技术经理人的职业评价体系，提高技术服务从业者的收入待遇和社会地位。

那么要如何取得"技术经理人"执业资质？《高质量培养科技成果转移转化人才行动方案》提出采用"培训＋考试＋实操＋绩效"综合认证。另外，是不是说将来从事科技成果转移转化工作会像律师等行业没有取得"技术经理人"执业资质就没办法做？我们认为，至少短期还不会。因为科技成果转移转化这个行业的特殊性，还没有像律师等行业那么成熟，也比律师等行业更具有挑战性，当前技术经理人的从业人员规模也远比律师小。《高质量培养科技成果转移转化人才行动方案》中也特别强调了"探索"二字，也明确了"到2025年，在各类技术转移和成果转化相关机构内从业的职业技术经理人不少于1万人"，这与"到2025年，培养科技成果转移转化人才超过10万人"还有一定差距。

其实，相比有执业资质，或者有等级证书，还是有职称证书，社会更需要的是经过市场验证的、能提供服务、能真正促成交易的技术经理人。

## 七、如何认识技术经理人的作用？

有这么一个群体，培训机构宣称"缴费三千、培训两天、盖章认证、年薪百万"。没错，说的就是技术经理人。当然，这种说法并不被业内大多数的人所认可。有业内专家认为，技术经理人是"超人"；还有业内专家认为，技术经理人不是一个"人"；更有业内专家认为，技术经理人根本就是伪需求。那么，技术经理人到底是什么人？能做什么？是不是伪需求？

《中华人民共和国职业分类大典（2022年版）》指出，技术经理人是在科技成果转移转化和产业化过程中，从事成果挖掘、培育、孵化、熟化、评价、推广、交易并提供金融、法律、知识产权等相关服务的专业人员。

有观点认为，技术经理人要从事成果挖掘、培育、孵化、熟化、评价、推广、交易并提供金融、法律、知识产权等所有服务，所以优秀的技术经理人必须具有科学家的头脑、企业家的胆识、社会活动家的能力和超乎常人的勤奋和毅力……是具有"三头六臂"的"超人"。我们认为，"超人"说法过于夸张，但是业内普遍认为，技术经理人是复合型人才，不是课堂中能教、课外能培训出来的，而是在从事科技成果转移转化工作的探索和实践中逐步锻炼出来的。此外，有业内专家认为，技术经理人就不是"人"，或者说得更准确一点，技术经理人就不应该是一个人，而是一个团队。

近年来，各地纷纷出台相应的方案和政策支持技术经理人的发展，如给予技术经理人培训及促成对接的奖励，从事科技成果转移转化工作可以参评科技成果转移转化类职称，把技术经理人列入人才计划等，这些举措让越来越多的人开始关注技术经理人职业。但实际上，大量一线技术经理人及其发挥的作用并不被认可，持"技术经理人根本就是伪需求"偏颇观点的人数也不少。也有不少技术经理人，因为科技成果转移转化的难、科技成果转移转化的苦，决定不再做科技成果转移转化。那么技术经理人到底是不是伪需求？

首先，需要明确技术经理人的称呼是近些年才出现的，并被越来越多业界的人所认可的，但是发挥相关作用的人一直都是存在的；其次，科技成果转移转化并不是说一定要有技术经理人参与才能实现，在很多时候，企业的技术人员或者来自高校和科研院所的科研人员或者医疗卫生机构的医生本身就同时承担了部分技术经理人的角色和功能。所以并不是说，科技成果转移转化离开了技术经理人就做不了，好像没有了技术经理人就没有了科技成果转移转化一样。

那是不是说技术经理人就没有用，就是伪需求？从大方面来说，社会是有分工的，专业的事需要更专业的人来做，科技成果转移转化是个复杂的系统工程，需要协同更需要分工，有了技术经理人的参与，特别是高水平技术经理人的参与，完全是有可能会更好、更快、更高效地实现科技成果转移转化。

当然，到底技术经理人能发挥多大的作用，这不仅和技术经理人本身的能力有关，也和其他如政策，甚至技术本身还有供需双方等诸多因素关系密切。

做好科技成果转移转化不是一件容易的事，以创业为例，不是科技成果好就可以，还需要创业的科研人员有企业家的能力，这些都具备了，也不见得一定能做好，还取决于政策和机遇等多种要素。所有的这些都寄望于科研人员"善转化"不现实，同样都寄望于技术经理人"会服务"同样不现实。不是科研人员要多能，也不是技术经理人要多会，是科技成果转移转化的客观情况需要多向奔赴。

需要强调的是，社会并不缺少简单提供不对称信息的从事科技成果转移转化和产业化的人员，缺的是高水平的技术经理人。真正高水平的技术经理人，从某种意义上并不是去赚取供需双方的"佣金"，而是利用所具备的从业知识、从业能力和从业资源，帮助各方把整个"蛋糕"做大，然后从增加的"蛋糕"中切割合理的一部分作为回报。更高水平的技术经理人，是在科技成果转移转化服务的过程中，找到可以"托付终身"的"委托方"，带上"嫁妆"，成为职业"经理人"，与"委托方"捆绑在一起，"共结连理"，形成利益共同体、命运共同体，共创未来。

另外，技术经理人未来在企业特别是在科技型或者创新型企业的作用和发展也值得期待。他们将以企业和产业需求和问题为导向，在做好企业自身科技创新成果的产业化，引进高校、科研院所、医疗卫生机构和其他企业的科技成果在企业转化，推动企业自身科技创新成果在其他企业的转移转化等多方面发挥重要作用，助力强化企业创新和科技成果转移转化的主体地位。

## 八、技术经理人要如何正视困难？

有技术经理人提到，他已经决定不做科技成果转移转化了。而且据他了解，不仅仅是他，他身边有不少技术经理人都已经"退群"，另谋生路去了。

他说，他决定不做科技成果转移转化并不是一时的心血来潮，而是经过深思熟虑后的决定。曾几何时，他也踌躇满志，可如今却决定放手了，原因是多方面的，但是最主要还是以下三方面的原因：

一是对技术经理人的能力要求太高。有观点认为，技术经理人要做好科技成果转移转化，就必须具备成果挖掘、培育、孵化、熟化、评价、推广、交易的能力，还要熟悉金融、法律、知识产权，优秀的技术经理人是具有"三头六臂"的"超人"。这些失之偏颇的认识，不仅提高了技术经理人的职业门槛，夸大了技术经理人的能力和作用，无形之中也让技术经理人背负了不应有的责任，认为优秀的技术经理人就应该无所不能，科技成果转移转化不成功，就是技术经理人能力不行，缺乏一批优秀的技术经理人，就是我国的科技成果转移转化效率不高的根本原因。

二是科技成果转移转化太难做了。以技术为主要对象的科技成果转移转化，通常表现出"低频、高难、非标、长线"等特征。想要做好科技成果转移转化并不容易，甚至靠从事科技成果转移转化工作体面地"活着"都不容易。"缴费三千、培训两天、盖章认证、年薪百万"那都是很多培训机构画的"大饼"，胃不好的人，根本吃不消。业内有些技术经理人甚至开玩笑："吃得了科技成果转移转化的苦，耐得住科技成果转移转化的寂寞，还有什么工作不能做？"

三是社会对技术经理人及其作用并不认可。实际上大量一线技术经理人及其发挥的作用并不被认可，甚至认为技术经理人根本就是伪需求。有网友调侃，技术经理人是既没钱也没地位更看不到前景，做的是"中介"的工作，赚取"中介费"，能赚多少钱，要看运气更要看他人脸色。从技术方和需求方的角度看，技术经理人可能都不是"好东西"，骗了东家，骗西家，更有夸张的说法是"防贼防盗防技术经理人"。还有更难听的说法，说技术经理人是在高校科研院所、医疗卫生机构和企业的"垃圾堆"里找食物吃，找可以再利用的"破烂垃圾"，做自己的"发财致富梦"。

因为科技成果转移转化的苦，科技成果转移转化的难，我们也经常劝那些没有做好准备的人不要从事科技成果转移转化工作。

当前看好科技成果转移转化，并投身科技成果转移转化的人可以简单分成两类：一类是对科技成果转移转化并不太了解，别人看好就跟风看好，属于"初生牛犊不怕虎"的看好；另一类是了解科技成果转移转化这个行业，并经过"摸爬滚打"之后的看好，既看到科技成果转移转化的挑战又看到当中蕴藏的机遇。这两种都是看好，但却有着本质的区别。前者可能只是一时的看好，属于表面上的看好；后者是真正的看好，发自心底的看好，能够克服科技成果转移转化各种困难的看好。

我们和很多科技成果转移转化机构和技术经理人交流过，不少甚至"什么是科技成果转移转化、有哪些方式，什么是技术经理人、主要工作任务有哪些"都不是很清楚，也没有科技成果转移转化相关的工作经历和必要的资源，对科技成果转移转化行业现状、挑战更是知之甚少，满眼都是所谓的科技成果转移转化"巨大机遇"，只是一时脑热跟风投身科技成果转移转化，后面摔跟头是大概率事件。

对于这批人，我们很肯定他们投身科技成果转移转化的勇气，但还是会苦口婆心地建议他们先要真正去了解科技成果转移转化，了解科技成果转移转化现状、挑战和机遇。但是，很遗憾，很少有人能听得进去，更很少有人因为我们的劝说而放弃。有人还信誓旦旦地说，他们已经做好了迎接困难的准备。

有些人经常在下决心做某件事的时候，会选择"无视"困难，并高估自己的能力，对可能存在的困难"视而不见"，更缺少应对可能遇到困难的预案；在推动这件事的过程中，又往往低估自己的潜能，并夸大困难，为自己的不努力和放弃寻找借口。

## 九、为什么技术经理人要了解科学家和企业家？

科技成果转移转化是一项复杂的系统工程，往往需要高校、科研院所、企业、政府、中介机构和金融机构等多方的共同参与。在这当中，来自高校和科研院所的科学家和来自企业的企业家是科技成果转移转化最为关键的双方。

从技术经理人的角度来讲，要促成科技成果实现转移转化，不仅仅是处理好物与物之间的"对话"，还要处理好人与物之间的"对话"，更要处理好人与人之间的"对话"。技术经理人要处理好这些"对话"，很关键的一点就是要充分了解科学家和企业家。了解科学家从事科技成果转移转化的主要动机是什么？企业家产学研合作到底怕不怕花钱？

科学家非常伟大，做科研经常是十年磨一剑。那么，科学家去从事科技成果转移转化的主要动机是什么？为了金钱吗？发表在《管理科学》的一篇研究文章发现，对金钱的兴趣与学者的专利申请之间几乎没有关联。不同学科领域动机不同，例如：在生命科学中，学者在很大程度上受社会影响需求驱动；在工程学中，研究人员主要受到智力挑战和同行认可的推动。该研究具有启示意义，政策制定者和技术转让有关部门需要认识到各个领域的学者动机不同，从而针对性地构建支持机制和政策，而不是一味大肆宣传收入。简单来说，技术经理人与科学家打交道时，他们不介意谈钱，但是一定介意与他们开口闭口只谈钱，和科学家的合作更多要从做好服务、促成事的角度去推动。

另外，也有学者对科研人员奖励比例与参与科技成果转移转化的积极性之间的关系进行了研究。研究指出，对科研人员的奖励比例从 0 提高到 50% 可以极大地提高科研人员参与科技成果转移转化的积极性，挖掘更多优秀的科技成果；但进一步提高奖励比例，如从 90% 提高到 100%，并不能对科研人员产生过多的正向激励。

企业家怕不怕花钱？愿意不愿意为科技成果转移转化花钱？受经济和国际大环境的影响，不少企业发展都遇到了一定的困难，很多技术经理人在服务企业的过程中发现，企业在产学研合作中花钱越来越"谨慎"。为此，有技术经理人就简单地认为，大环境不好，企业家怕花钱，更怕把钱花在周期长、投入大、风险高的科技成果转移转化上。

其实，企业家怕的不是花钱，怕的是不确定性，怕的是风险。面对不确定性大、风险大的产学研合作，企业家就怕花钱。但如果不确定性小、风险可控，企业家就不怕花钱。简单来说，如果不确定性非常大，哪怕花很少的钱，企业家都害怕，反之如果风险小，再多的钱，企业家都愿意花。当然有些风险虽然大，但是回报高的产学研合作，企业家也可能愿意尝试。因此，技术经理人和企业家打交道时，要更多地从降低风险和规避风险的角度去推动。

## 十、技术经理人要如何和科研人员沟通？

技术经理人要如何和科研人员沟通？以高校科研管理部门的技术经理人和科研人员的沟通为例，建议沟通要注意"五不要"。

一是不要不清楚科研人员从事科技成果转移转化的动机。技术经理人很容易想当然地认为，科研人员从事科技成果转移转化就是为了赚钱。权威研究发现，不同学科的科研人员从事科技成果转移转化的主要动机不同，但获取金钱都不是他们最主要的动机。为此，与科研人员沟通可以谈钱，但不能动不动就谈钱，而且谈钱，要了解他们最看重的是什么，什么类型的激励措施对他们最有吸引力，据此针对性地构建支持机制和政策。

二是不要不尊重科研人员科技成果转移转化的想法。技术经理人一般都会认为，科技成果权属归单位，单位对科技成果如何转化有"说一不二"的话语权。事实上，虽然高校和科研院所拥有科技成果的知识产权，但科研人员才是科技成果的发明人，他们对如何利用自己的科技成果通常都有强烈的感受。为此，和科研人员沟通要有准确的定位，就是协助和服务科研人员做好科技成果转移转化，要避免说教，并将自己的想法强加于他们，这种做法不仅效果不佳，而且会影响科技成果的转移转化。

三是不要不做好与科研人员沟通的充分前期准备。技术经理人一般都会认为，和科研人员沟通不需要事先准备，随便交流就可以。其实，科研人员都很忙，沟通之前一定要做好充分的准备工作，要尽可能去了解科研人员的经历、科研方向、科研成果、团队组成和科技成果转移转化经验等信息。此外，还要根据上述情况，进一步了解科技成果转移转化的相关政策、相关成果的产业化情况、潜在的合作企业等信息。推测科研人员可能提出的问题，然后认真思考如何回答这些问题。综合上述材料，准备一份交流提纲，明确列出想要提出的问题。最后，沟通讲究"天时地利"，要充分尊重科研人员的时间和地点安排。

四是不要不掌握与科研人员沟通的技巧。技术经理人通常会认为，和科研人员沟通不需要技巧，只要真诚就可以。其实，和科研人员沟通很讲究技巧，沟通之前要清晰每次沟通想要达成的目标。紧紧围绕目标做好倾听和适当引导，坦然承认自己在技术等方面的不足，多听少说，同时要有适当的引导，以确保沟通不偏离主题。沟通要确保不迟到，沟通要从对方感兴趣的话题入手，然后一步一步深入追问；沟通过程中，要保持尊敬的态度，要积极响应科研人员的回答，可以使用肢体语言来增强交流效果，同时不要寄希望于一次的沟通就能达成所有的目标；沟通结束后，要向科研人员表达谢意，这不仅是一种礼貌，更是一种必要的做法，有助于建立和维护同科研人员的良好关系。

五是不要不积极落实与科研人员沟通的承诺。技术经理人一般都会认为，和科研人员沟通结束，相关工作也就结束了。其实沟通结束不是工作的终点，而是工作的开始。沟通结束之后，要尽快写出交流的纪要，并做好沟通复盘，总结沟通取得的成效，反思沟通未达成的目标，为进一步的沟通和推动科技成果转移转化做好准备。除此之外，沟通过程和科研人员约定好的事项，以及对科研人员的承诺，要第一时间去落实，而且一定要说到做到，同时及时把推动情况反馈给科研人员。

高校和科研院所的成果转移转化离不开科研人员的深度参与。通过和科研人员的沟通，让科研人员理解、认可，并积极主动参与，对高校和科研院所的科技成果转移转化不仅重要，而且十分必要。

## 十一、如何让科研人员认识技术经理人的价值？

有技术经理人抱怨，科研人员一方面觉得自己的科技成果很好，但是另一方面又觉得技术经理人的科技成果转移转化服务没有多大价值。如何让科研人员对技术经理人的服务价值有正确的认识？

上述情况并不是个案。我们认为，技术经理人自己先要对这种情况发生的原因有正确的认识，这不仅和科技成果转移转化的特点有关，也和人性有关。

一方面，技术经理人提供的科技成果转移转化服务属于科技服务的一种。科技成果转移转化服务和很多科技服务一样，提供的服务通常价值不容易被准确衡量，甚至有时连描述清楚都有一定的难度。对于这种"说不清、看不透"的科技成果转移转化服务，凭什么让科研人员就轻易信服所谓的高价值？

另一方面，高估自己的价值，低估别人的价值，这是人性。以两个人合作完成一件事情为例，完成后让两个人分别评价自己对完成这件事情的贡献，一个自我评价的贡献度可能是 70%，一个自我评价的贡献度可能是 40%，两者加起来通常都是超过 100%。

那么技术经理人要如何去解决上述这种情况？要如何让科研人员对技术经理人的服务价值有准确的认识？客观地说，很难。但我们认为，技术经理人可以做以下两方面的尝试：

一方面是尽量把要提供的科技成果转移转化服务明细化、具体化，可以通过科技成果转移转化服务的具体成功案例进行解释说明，把要提供的科技成果转移转化服务的内容、作用和价值尽量描述清楚。

另一方面要充分理解科研人员的担心，科研人员有应用价值的成果通常都是多年认真工作的结果，凭什么就放心交给只用十天就培训出来的技术经理人。所以，技术经理人除了要尽量提升自己的专业能力，也可以通过里程碑收费或者以结果为导向先服务后收费等方式打消科研人员的价值担忧。

## 十二、科技成果转移转化效率不高只是因为缺少技术经理人吗？

科技部印发的《"十四五"技术要素市场专项规划》提出，到 2025 年，全国技术经理人数量要突破 3 万名。

《高质量培养科技成果转移转化人才行动方案》提出，要全面提高我国科技成果转移转化人才自主培养的质量，以优化人才供给结构、强化技术经理人市场化配置、搭建完成人才培养支撑体系，推动我国科技成果转移转化人才队伍建设向高质量发展阶段迈进。2025 年要培养科技成果转移转化人才超过 10 万人；要打造职业技术经理人队伍，到 2025 年，各类技术转移和成果转化相关机构从业的职业技术经理人不少于 1 万人；到 2025 年，全国建成人才培养基地超过 50 个，建成不少于 300 人的科技成果转移转化顾问队伍。

各地也纷纷出台相应的方案和政策，如给予技术经理人培训及促成对接的资金奖励，从事科技成果转移转化工作可以参评科技成果转移转化类职称，把技术经理人列入人才计划等，这些举措让越来越多的人开始关注技术经理人这个职业。但同时，也存在一些对技术经理人能力和作用过度吹捧的情况。如某业内人士表示，身边有些人认为技术经理人有"三头六臂"，可以无所不能。

我们认为，不应过度夸大技术经理人的能力和作用，技术经理人没有"三头六臂"，也并不是"无所不能"。当前，众多的技术经理人还在"修炼"。

一是技术经理人没有"三头六臂"。有观点认为，优秀的技术经理人必须具有科学家的头脑、企业家的胆识、社会活动家的能力和超乎常人的勤奋和毅力……是具有"三头六臂"的"超人"。但其实一个技术经理人的能力再强，也不可能什么都擅长，另外，一个人的精力毕竟是有限的，不可能面面俱到。所以，大多数优秀的技术经理人只要做到具备一定的从业意识，掌握一定的从业知识，练就一定的从业能力，集聚一定的从业资源，就能称得上"知政策、精技术、会管理、懂金融、明法律、通市场、擅转化"，就能较好适应社会发展需要，就能很好地发挥加速科技成果转化"催化剂"的作用。

二是技术经理人并不是"无所不能"。有观点认为，我国的科技成果转移转化效率不高，就是因为缺乏一批优秀的技术经理人，只要我国能培养一批优秀的技术经理人，那么我国的科技成果转移转化将不再是问题。但实际上，科技成果转移转化是系统工程，是多方面多要素共同作用的过程。科技成果转移转化之痛，不是单方面的，而是多方面的。缺乏一批优秀的技术经理人是我国科技成果转移转化效率不高的原因之一。

解决科技成果转移转化效率不高的问题，培养一批优秀技术经理人很重要，但还不够。让培养出来的技术经理人全程参与科技成果转移转化过程，提供全链条服务很重要，但还不够。

## 十三、技术经理人要如何看待程序性工作?

如果问技术经理人从事的科技成果转移转化工作是开拓性的工作，还是程序性的工作，大多数的技术经理人可能都会毫不犹豫地回答是开拓性的工作。

可现实中经常有技术经理人抱怨，他们需要待在办公室做科技成果转移转化，在 PPT 等各类报告上做科技成果转移转化。如某高校的技术经理人就抱怨说，他们做的所谓科技成果转移转化和想象的情况实在是差距很大。用他的话来说，这忙的都是些什么"破事"：成果对接活动组织、横向合同审核、专利申请和维护、协助申报产学研项目、做科技成果转移转化统计、写科技成果转移转化总结……甚至还不得不去做一些如企业清理退出之类的"棘手"工作。所做的这些工作，怎么看都不是什么开拓性工作，而是程序性的杂事。

还有高校和科研院所一些刚刚负责科技成果转移转化的技术经理人，甚至直截了当地告诉他们的负责人，他们看好科技成果转移转化，是过来大干一场的，程序性的工作别安排给他们，他们只想做开拓性的工作，也只负责做开拓性的工作。

关于待在办公室做科技成果转移转化这件事情，我们认为，还是需要从两面去看。不可否认的是，科技成果转移转化是一件实践性非常强的工作，只待在办公室写写总结和做做 PPT，完全脱离实践，是绝对做不好科技成果转移转化的。反之，科技成果转移转化也是一件既需要理论指导，也需要实践结合理论的工作，没办法静下心来，在办公室待不住，不会学习，不懂总结，只是一味想"冲冲冲"和一味"干干干"，也同样很难做好。

任何工作都没有绝对的开拓性和程序性之分，而且很可能同样一件开拓性工作做多了就变成了程序性工作，反之，一件开拓性的工作也可能是由若干程序性的工作组成的。此外，也不能简单地认为，开拓性的工作就一定重要，程序性的工作就一定不重要。通常，那些嘴上说只做开拓性工作，不做程序性工作的人，很可能是"眼高手低"的人。

我们认为，当开拓性工作和程序性工作两者发生冲突时，如在时间不允许的情况下，通常是以程序性的工作为先。原因很简单，程序性的工作很多时候是不得不做的事，往往是衡量一个人工作做得合格不合格的标准，而开拓性的工作是衡量一个人做得一般还是优秀的标准。合格是每个人工作的前提，不可能存在一个人工作不合格但是很优秀，只有合格了才能去争取优秀。

当然，上述观点也绝不代表就该沉溺于程序性工作。我们要善于梳理程序性工作，借助创新管理理念，应用信息化工具，把程序性工作尽可能简单化、标准化和流程化，尽量从程序性的工作中解脱出来，挤出更多时间去尝试开拓性的工作。

科技成果转移转化工作没有绝对的程序性和开拓性之分，没有绝对的重要和不重要之分，现在不得不做的一些程序性科技成果转移转化工作，可能是开拓性工作的重要组成部分，是为了将来能少做程序性的科技成果转移转化，是为了将来更好地做开拓性的科技成果转移转化。

甚至很多时候想要做好科技成果转移转化，还不能只懂科技成果转移转化，只会做科技成果转移转化。为了做好科技成果转移转化，很多时候还不得不做很多看似和科技成果转移转化无关的事情。

## 十四、技术经理人要如何转型成为职业经理人？

目前，有不少技术经理人尚未探索出一个行之有效的运营模式与盈利模式，他们还是把收取中介服务费当作盈利的主要模式，甚至是唯一的模式。

技术是商品，但又是不同于一般商品的特殊商品，科技成果转移转化的过程往往需要多轮反复的磋商，其中不少磋商是供需双方直接开展的，技术经理人在最终达成技术交易中的作用和价值无法准确评估。

为此，技术经理人如果把收取中介服务费当作盈利的主要模式，被"跳单"不说，即使能收到费用，赚的也是辛苦钱，入不敷出是常态。

我们认为，对技术经理人来说，"中介"不是出路，成为职业"经理人"可能才是真正的出路。那么要如何成为职业经理人？

技术经理人在科技成果转移转化服务的过程，可以独立于买卖双方，了解到项目的方方面面，包括项目背后的团队，这不是通过短时间的尽职调查就能了解到的。

为此，我们建议技术经理人在做科技成果转移转化服务的过程中，如果发现可以"托付终身"的"委托方"，不仅可以不收服务费，甚至还可以送上"嫁妆"，成为深度服务的职业经理人可能是个好出路。

"嫁妆"指的东西比较多，包括技术经理人的能力、素养和专业知识等，但不单是指这些。大多时候空手是套不到白狼的，技术经理人除了出力之外，"委托方"更需要技术经理人的资源和资金等更有诚意的"嫁妆"，这是决心，是形成利益共同体、命运共同体的"投名状"。

当然，投资就有风险，要看准找对可以"托付终身"的"委托方"才能"以身相许"。目前已有不少这样成功转型为职业经理人的技术经理人。

## 十五、如何看待专职和兼职技术经理人？

有技术经理人持这样的观点，即认为科技成果转移转化具有"低频、高难、非标、长线"的特征，所以全职的技术经理人不存在，因为根本无法生存，现在的技术经理人都是兼职的。我们认为，这个观点太绝对了，可能把"技术经理人"这个概念狭义化了。

国家发改委规划司在《中华人民共和国国民经济和社会发展第十四个五年规划和 2035 年远景目标纲要》名词解释中专门作了解读，技术经理人一般是指在高校、科研院所等机构从事技术转移的专业人士。《中华人民共和国职业分类大典（2022 年版）》指出，技术经理人是在科技成果转移转化和产业化过程中，从事成果挖掘、培育、孵化、熟化、评价、推广、交易并提供金融、法律、知识产权等相关服务的专业人员，其也对技术经理人的主要工作任务进行了说明。我们认为，不管从技术经理人概念本身还是从技术经理人的主要工作任务来看，技术经理人都是一个广义的概念。

需要纠正以下两个错误的观念：一是狭义地认为，技术经理人就是简单利用转移转化买卖双方信息的不对称，帮助科技成果实现转移转化，然后赚取"中介"服务费的"掮客"；二是广义地认为，只有从事成果挖掘、培育、孵化、熟化、评价、推广、交易并提供金融、法律、知识产权等所有服务，具有"三头六臂"的"超人"才称得上技术经理人。

我们认为，任何一个以"成果挖掘、培育、孵化、熟化、评价、推广、交易并提供金融、法律、知识产权"等工作中的一项或多项为主要工作的人，都可以称作全职的技术经理人。

不可否认，现在确实有些技术经理人是兼职的，但是以"成果挖掘、培育、孵化、熟化、评价、推广、交易并提供金融、法律、知识产权"等工作中的一项或多项为主要工作的全职技术经理人更多，他们不仅存在，甚至有相当一部分还发展得非常好。这其中还有一些不以"技术经理人"为称呼，从事的却是技术经理人相关工作的人。

## 十六、技术经理人要如何看待人脉的作用？

众所周知，不管做什么，人脉都很重要。对技术经理人来说，也是如此。为此，身边有不少技术经理人都在"拼命"打造属于自己的科技成果转移转化人脉。甚至有些技术经理人认为，只要多加几个科技成果转移转化交流群，多认识几个科技成果转移转化专家，科技成果转移转化事业就可以蒸蒸日上。

想要做好科技成果转移转化，有没有好的人脉是关键因素之一，但我们认为，其实更重要的却是别的。有专家就曾经说过："年轻的时候，别把太多心思放在人脉上，不是因为人脉不管用，我非常负责任地告诉你，人脉特管用，不是一般的管用。"既然人脉特别重要、特别管用，那为什么技术经理人不多把心思放在科技成果转移转化人脉的打造上呢？

在某次科技成果转移转化交流会上，一位技术经理人看到一位非常有知名度的科技成果转移转化专家，于是鼓起勇气上前跟专家打招呼，并且成功加上了专家的微信。当时他激动地以为自己的事业迈上了新的台阶。回到家后，想了好多，他给那位专家发去了一段"苍白"的自我介绍，过了很久，专家礼貌性地回复了两句，就再没有下文了。事到如今，他还有那位专家的微信，只是没有再联系过。后来，他逐渐懂得，自己不厉害，认识再多了不起的人都没用，很多认识不是因为自身，而是因他在的平台。

所以，我们认为，技术经理人的人脉的确很重要，但其实更重要的是用得了、用得好人脉的能力。这个能力其实就是自身的科技成果转移转化能力。科技成果转移转化不可能全靠人脉来"借"，自身没有能力，手上没有一点可以"借"给别人的东西，也很难"借"到想"借"的东西。

为此，我们建议，刚从事科技成果转移转化的技术经理人别把心思都放在打造人脉上，应该更专注于自我成长，努力提升自己的科技成果转移转化能力。随着自身能力和价值的提升，自然会建立起更广泛、更能用和更有用的科技成果转移转化人脉网。用得上、用得好的科技成果转移转化人脉，才是真正有价值的，也才能真正推动自身科技成果转移转化职业的发展。

## 十七、怎样才是社会认可的技术经理人？

从技术经理人的定义不难看出，技术经理人是从事科技成果转移转化和产业化的专业人员。这里面特别需要强调的是"专业"二字，不是一般的从业人员，更不是全部的从业人员。

根据技术经理人的能力水平，我们认为，可以简单地将其分成三个层次：层次三需要掌握科技成果转移转化的通识知识，具备科技成果转移转化的基础能力；层次二要系统地掌握科技成果转移转化的知识，具备较强的科技成果转移转化能力，而且能够把理论和实践较好地结合起来；层次一需要有开展科技成果转移转化的执业能力，集聚较广的科技成果转移转化资源网络，具备整合资源、促成合作、加速创新链产业链资金链人才链深度融合的能力。

什么是职业的技术经理人？和大多数人眼中的技术经理人有什么区别？我们认为，从事科技成果转移转化和产业化的人员，经过一定的培训，取得了相应的证书，具备了一定的专业知识和能力，在一定程度上就可以称为技术经理人，但是如果能力只达到了层次三，就很难称得上是职业的技术经理人。

我们认为，职业的技术经理人是高水平的技术经理人，能力要达到层次二及以上，是从事科技成果转移转化的人才，他们有较为丰富的实操经验，经过了市场的验证，有了真正促成技术交易的成功案例，并被社会认可。他们是"知政策、精技术、会管理、懂金融、明法律、通市场、擅转化"的科技成果转移转化复合型人才。这类人才不是一般课堂中能教出来的，也不是普通的培训就能培训出来的。

职业的技术经理人是无法培训出来的。对于技术经理人来说，培训和考试是最基础的，也是必需的，但是实操和绩效更为重要，没有真正促成交易、没有成功案例、没有经过市场验证，很难被社会认可为职业的技术经理人。

总之，不是所有技术经理人都能称得上是职业技术经理人。成为一个技术经理人不难，难的是成为一个职业的技术经理人。我们现在真正缺的并不是技术经理人，而是职业的技术经理人。

## 十八、技术经理人要如何做好自我宣传?

有一次和一个市场化科技成果转移转化机构的负责人交流，我们问他，感觉他一年有一半以上时间都在外出差，作报告、走访企业……他笑着和我们说，确实是这样，他让我们猜猜，对他来说，是作报告重要，还是走访企业重要。

我们毫不犹豫地回答，当然是走访企业重要。他笑着说，错了，虽然走访企业重要，但是对他来说，却是作报告更重要。见我们有点吃惊，他接着笑着说，作报告有讲课费，可以额外赚很多钱，补贴家用。

我们当然不信。作报告是有讲课费，但是政府科技部门组织的活动，讲课费通常很少，甚至没有。去异地讲一次课，加上路上的时间，少说也要近10个小时，如果只是为了讲课费，那真的是投入产出比太低。

他笑着说，为了讲课费确实是开玩笑，但做报告比走访企业重要却不是开玩笑。他接着解释说，政府科技部门组织的活动，对他来说，其实就是一场场"科技成果转移转化服务产品"发布会。通过一场场发布会，不断让听众知道他们的服务。

为此，如果是政府科技部门组织的活动，需要他现场作报告的，只要时间安排得开，不管多远，不管有没有讲课费，他都会参加。

当然，想要把所谓的讲报告开成"科技成果转移转化服务产品"发布会，也很见水平。首先，他自己就长期在这个领域一线深耕，有很多实操经验，同时他也会做大量研究，会总结很多"干货"，会反复练习如何把报告做好。

我们仍有疑问，作报告当作广告不容易吧？组织方科技部门没有意见？听众不反感吗？他笑了笑说，最高明的广告，就是让组织方和听众不知道是广告。

为此，他作报告时，从来不刻意介绍自己的公司，也不介绍公司的服务，而是努力把报告本身做好，让大家认可自己的专业。让大家需要服务时，会想到他，留下自己的联系方式，让大家想找他时，能找到他。然后，生意就会经常不期而遇。用他的话说，就是你不专业，你再推销也没有人找你，你专业，你不推销也有很多人找你。

技术经理人的"生意经"是：专业 + 深耕 + 营销 + 勤勉。

## 十九、技术经理人要如何看待平台的作用？

有越来越多的技术经理人"科技成果"转化成功了。他们并不是成功转化了什么大的科技成果，而是把自己这个最大的"科技成果"成功转化了。他们都离开了原来所在的科技成果转移转化平台，去了更大更好的科技成果转移转化平台。

众所周知，平台对科技成果转移转化工作非常重要。甚至有观点认为，一名技术经理人所在的平台，不仅决定了他科技成果转移转化工作的下限，更决定了他科技成果转移转化工作的上限。

业内越来越多的技术经理人把自己成功"转化"，去了更大更好的平台，也获得了更好更高的职位，更有了更多的收入，这也印证了一些业内人士的观点：科技成果转移转化绝对值得去深耕；从事科技成果转移转化不仅仅是一份工作，更是一项事业；投资自己是最好的投资，同样的道理，"转化"自己是最成功的科技成果转移转化；吃得了科技成果转移转化的苦，耐得住科技成果转移转化的寂寞，还有什么事情做不好？

技术经理人在服务科技成果转移转化的同时，其实也在不断"转化"自己。换句话说，技术经理人不仅是在转化科技成果，更是在"转化"自己，服务科技成果的转移转化，更是服务自己的成长和发展。技术经理人把自己这个"科技成果"成功"转化"了，也许就是最成功的科技成果转移转化了。

通常，能力强、水平高的技术经理人，都在优秀的平台上、具备一定的职位、拥有较好的收入。优秀的技术经理人和优秀的科技成果转移转化平台通常是相互成就，一个优秀的科技成果转移转化平台离不开优秀的技术经理人，一个优秀的技术经理人也只有在优秀的科技成果转移转化平台上，才能发挥应有的价值，才能取得更大的科技成果转移转化成效。

## 二十、如何理性看待当下技术经理人的热度？

当前，技术经理人获得了前所未有的关注。

一是技术经理人支持政策频出。2021 年，《中华人民共和国国民经济和社会发展第十四个五年规划和 2035 年远景目标纲要》指出，要推进创新创业机构改革，建设专业市场技术转移机构和技术经理人队伍；《中华人民共和国职业分类大典（2022 年版）》把技术经理人作为新职业纳入职业分类大典第二大类"专业技术人员"；2022 年，科技部印发的《"十四五"技术要素市场专项规划》提出，到 2025 年，全国技术经理人数量突破 3 万名；2023 年，火炬中心印发《高质量培养科技成果转移转化人才行动方案》，提出到 2025 年，要打造职业技术经理人队伍，各类技术转移和成果转化相关机构从业的职业技术经理人不少于 1 万人；2024 年，《中共中央关于进一步全面深化改革 推进中国式现代化的决定》指出，要加强技术经理人队伍建设。

二是技术经理人培养火爆。以"科技成果转移转化培训"或"技术经理人培训"为关键字在搜索引擎上搜索，可以找到相关资讯数千万条。单单是举办单位就有科技部门、协会和企业举办等之分，此外培训内容、培训时间、培训方式、证书类型和培训费用等也不尽相同，水平参差不齐，但即便这样，不少培训还是相当火爆。而且，现在不仅是科技部门关注科技成果转移转化人才的培养，人社部门、工信部门和科协部门也开始发力，高校已有常州大学、北京理工大学、清华大学、同济大学、上海交通大学和浙江大学等试点科技成果转移转化学历教育。另外，北京、上海、江苏和湖北也已成立技术转移学院，聚焦科技成果转移转化人才培养。

三是技术经理人协会纷纷成立。从 2007 年开始，国内就有一些省市先行先试，探索成立了"技术经纪人协会"之类的组织。2020 年以来，国内有越来越多的省市纷纷成立了技术经理人协会。据统计，截至 2023 年 12 月，全国已有陕西、辽宁、吉林、安徽、北京、上海、天津、苏州、西安、成都和淄博等省市成立了"技术经理人协会"之类的组织。此外，还有如科技成果转移转化和技术经理人的联盟、驿站和协作网络等各类组织在各地不断出现。

四是技术经理人的活动一场接着一场。大大小小的科技成果转移转化微信群、技术经理人社群随处可见。各种官方和民间组织，策划和组织了一场又一场线上线下、公益或收费的科技成果转移转化和技术经理人研讨会和交流会。各省市围绕科技成果转移转化和技术经理人的科技成果转移转化案例征集、技术经理人大赛和优秀技术经理人评选等活动也是频频开展。

五是技术经理人被列入紧缺人才开发目录。据不完全统计，全国已有北京、上海、成都和湖北等省市出台或明确支持技术经理人申请各类人才计划。如：上海在 2021 年把技术转移人才首次纳入《上海市重点领域（科技创新类）"十四五"紧缺人才开发目录》；山东省也在 2021 年印发了《关于进一步加强技术经理人队伍建设工作的通知》，指出技术经理人队伍是科技人才队伍的重要组成部分；《2022 年北京市政府工作报告》提出，要落实"朱雀人才——科技项目经理人计划"，加快引进项目经理、技术经纪人等多层次人才。

六是不少省市试水科技成果转移转化职称评审工作。目前，全国已有西安、成都、北京、湖北、辽宁、天津、山东、山西、福建、宁夏和河北等省市出台有关科技成果转移转化人才职称评审管理办法。其中有些省市已经实际开展了相关的评审工作，有一批从事技术转移的技术经理人才获得了初级、中级、副高级甚至是正高级的职称。

七是科技成果转移转化和技术经理人的书籍、自媒体、平台不断出现。前些年，关于科技成果转移转化和技术经理人的书籍数量不多，实操类更是一书难求，目前相关的书籍有几十种。由于受众小的原因，前些年更新及时、内容丰富的公众号特别少，近年来在一些优秀自媒体的影响下，出现了越来越多的自媒体，其中也不乏机构布局的自媒体，目前虽然鱼目混杂，但却空前活跃。围绕科技成果转移转化和技术经理人生态建立的社群、平台和工具也有不少。

可以说，技术经理人获得了前所未有的关注。如何理性看待当前技术经理人的热度？我们认为，越是被关注，技术经理人越需努力，越是要尽快做出成绩来。否则，当热点和关注逐步消退之后，就再也没有这么好的机会了。

# 第四部分

科技成果转移转化理念与实践

DISIBUFEN

科技成果转移转化难点、堵点及未来发展趋势是什么？科技成果转移转化能不能标准化？线上的科技成果转移转化平台能不能有？有没有纯市场化做科技成果转移转化的机构？科技成果转移转化机构如何提升服务能力？为什么说做好科技成果转移转化需要"双向奔赴"？本部分整理了20条科技成果转移转化理念与实践。

# 一、如何看待对科技成果转移转化的批评声音？

现在有一些不看好科技成果转移转化的人，认为科技成果转移转化是伪需求、假故事。其实他们不仅不看好科技成果转移转化，也不看好技术经理人，不看好概念验证，不看好新型研发机构，甚至连科技创新都不看好。这些人之中，有相当一部分甚至都不是业内人士，是站在"旁观者"的角度发声。

不可否认，现在的科技成果转移转化还存在一些问题，至少还不够好。现实中确实也存在一些"挂羊头卖狗肉"的人，举着做科技成果转移转化的招牌，打着做科技成果转移转化的幌子，做的却是论文买卖、专利倒买倒卖和项目骗补贴等之类的事；存在一些夸夸其谈的人，他们宣传科技成果转移转化纯粹是为了自我宣传，过度包装，自我推销，扰乱科技成果转移转化行业，容易让外界觉得做科技成果转移转化的人都夸夸其谈；还存在一些愤愤不平的人，看谁都不顺眼，看似"仗义执言"，实际上只觉得自己做得最好，为了批评而批评，伤害科技成果转移转化行业，让想干事的人畏首畏尾，不敢试错。这些人和这些事，影响了科技成果转移转化的行业生态，破坏了风气。

但是，科技成果转移转化也不全是一无是处，还是有这么一些人，知道科技成果转移转化工作的不容易，但依然热爱、依然执着并持续深耕。他们中有一些是科技成果转移转化的实干家，有信仰，多做少说，谦虚好学，不刻意包装自己，不过度自我宣传，脚踏实地，偶尔发声，也是为科技成果转移转化事业发声；更有一些是科技成果转移转化行业的"螺丝钉"，做的事看似不重要，却默默在为科技成果转移转化做贡献。科技成果转移转化的发展，甚至科技成果转移转化的存在，离不开这些人，更离不开他们做的事。

科技成果转移转化不是不能被批评，也不是不能被看衰。批评和不看好并不可怕，拿出理由的批评和不看好不仅没问题，而且有必要，毕竟科技成果转移转化发展还是有不少问题需要解决，有理有据的批评和不看好可以让社会更加关注，并投入更大的资源去发展科技成果转移转化，但恶意攻击的批评和看衰，曲高和寡的自以为是，危害很大。

科技成果转移转化、技术经理人、概念验证、新型研发机构和科技创新本身没有好坏对错之分，关键还是谁来做、怎么做、做什么。

## 二、科技成果转移转化有什么难点、堵点，发展趋势如何？

近年来，随着科技和经济的结合，社会对科技成果转移转化机构和科技成果转移转化人才的需求日益旺盛。从国家层面到各地方纷纷出台了一系列支持和激励举措，也因此越来越多的人看好科技成果转移转化，并投身科技成果转移转化。

科技成果转移转化服务属于科技服务业，是科技服务业的重要组成部分。北京中关村科技服务有限公司和赛迪顾问股份有限公司共同编制的《2022 中国科技服务业发展年度报告》指出，全球科技服务业快速发展，规模持续增长，科技服务业已经成为具有较大规模的重点产业，成为推动经济增长的重要力量，截至 2021 年，全球科技服务业规模达 63124 亿美元。该报告也分析了我国科技服务企业的情况，到 2021 年我国科技服务业法人单位数增长到 187 万个，但是其中科技成果转移转化服务份额相对较少，只有 1%。

看完直观的数据之后，再来看两个问题：（1）能不能说出几个国内科技成果转移转化做得好的标杆企业？这个问题，我们也经常被问到，我们每次也会推荐一些自己认为在国内做得较好的科技成果转移转化企业。但有些技术经理人，对我们推荐的企业并不完全"买账"，有时他们会说，就这些企业吗？或者会直接质疑我们推荐的某某企业，因为据他了解，这个企业做得并不好。这是不是一个很沉重的问题？国内标杆的科技成果转移转化企业，我们竟然"翻箱倒柜"也找不出来？（2）科技成果转移转化的市场这么广泛，很多人都很看好，那么一向嗅觉灵敏的资本看好吗？网络上关于科技成果转移转化机构获得资本青睐，完成融资的新闻太少了。做科技成果转移转化的都讨厌被说成是中介，但是我们还别看不起中介，如房产中介，他们获得融资的新闻比科技成果转移转化机构获得融资的新闻多，至少在前些年，资本更看好的是房产中介公司而不是科技成果转移转化企业。

看完报告，了解完数据，听完分析，大家是不是觉得从事科技成果转移转化的人很失败？其实不然，这是因为机遇和挑战总是并存的。正是因为现在国内科技成果转移转化行业还没有绝对的龙头，所以大家都有机会。那么我们应该如何去把握机会，迎接挑战？当然要先了解这个行业的难点和堵点。

《2022中国科技服务业发展年度报告》经分析指出，科技服务行业有四大痛点：一是需求分散，二是服务半径短，三是规范化程度低，四是人才匮乏。但是这些真是科技成果转移转化的难点和堵点吗？其实我们心中是存在疑问的。需求分散、服务半径短和规范化程度低是行业的特点，很多服务业都有类似的特点，人才匮乏问题是可以通过将人才的培养系统化逐步解决的，而且国内并不缺人才，如果这个行业真的前景巨大又好做，那么很多行业外的人才也会蜂拥而至。

找不到科技成果转移转化十分明确的难点和堵点，可能才是国内科技成果转移转化最大的难点和堵点。既然我们暂时找不到行业的难点和堵点，在国内我们也找不到行业的标杆企业，那么我们就去看看国外的一些标杆企业是如何做的。

斯坦福大学于1970年成立技术许可办公室（Office of Technology Licensing，OTL），其主要作用是促进学校技术向市场转化，转化所得收入用于支持本校教学研究工作，从而形成大学研究工作与技术转移之间的良性循环。迄今，OTL模式运行50多年，已成为美国大学技术转移的标准模式。

魏茨曼科学院有"以色列科技研发大脑"之称。魏茨曼科学院于1959年成立耶达（Yeda）技术转移公司，开创了全球高校和科研院所技术转移的先河。耶达技术转移公司独立运营、市场化操作，充当着魏茨曼科学院基础技术和商业应用的中间桥梁，全权负责魏茨曼科学院的技术转移工作。通过明晰科学院、科学家、公司三者之间的关系，不断协调各方的意愿和期望，来扩大各方利益的共同点，最终实现合作共赢。

德国史太白技术转移中心（Steinbeis Transfer Centers，STC）成立于1971年，是欧洲最大的技术转移机构。史太白经济促进基金会、众多史太白专业技术转移中心和致力于培养精通技术与经济实用型人才的史太白大学等，共同组成了"史太白技术转移网络"。完善的扁平化管理机制、成熟的市场经营方式和"双轨制"的人才培养模式赋予了其很强的发展活力。

关于上述三个科技成果转移转化标杆的分析和总结有很多。斯坦福大学提出"永远不要让教授坐到谈判桌前"，强调合理、明确的收益分配政策；魏茨曼科学院和耶达技术转移公司签订独家协议，耶达技术转移公司的理念是"让科学家专心做科研，其他事情我们来办"，强调市场化运作，并通过激励机制实现各方合作共赢；史太白强调管理机制，重视技术转移人才培养，并强调市场化运营。

这些成功经验包括创新的管理机制、成熟的运营模式、明确的分工协作、合理的利益分配、良好的政策环境和标准的工作流程等，都对促进科技成果转移转化发挥了重要作用。这些成功经验有什么共同点？有人认为共同点是都有适合自身发展的模式。我们对此存疑：如果是模式，为什么我们一直学不来或学不出成效？我们认为，这些科技成果转移转化典范的共同点不是模式，而是生态，它们都营造了属于自己的科技成果转移转化生态，这个生态包括内部生态，也包括外部生态，还包括内外部共同起作用的生态。

生态打造不是一蹴而就的，需要循序渐进，而且在建设过程中不断完善。我们觉得，从事科技成果转移转化可以从以下几个方面发力和突破：一是选择细分领域从事科技成果转移转化；二是选择交叉领域从事科技成果转移转化；三是努力打造开放式科技成果转移转化；四是提升整合科技成果转移转化资源的能力；五是在科技成果转移转化领域深耕、持续深耕。在此基础上，逐步去打造属于我们自身的科技成果转移转化生态。有了好的科技成果转移转化生态，我们的科技成果转移转化成功案例将不断涌现，我们的科技成果转移转化之路也必将越走越宽。

### 三、科技成果转移转化服务能不能标准化？

一位来自科技园的技术经理人问，到底科技成果转移转化服务能不能标准化？

据该技术经理人介绍，经过几年的发展，他们的科技园已经在科技成果转移转化这个领域初步站稳了脚跟，也有了一些成功案例，当前面临的主要问题还是发展的问题。要发展，科技成果转移转化人才不足又是核心问题之一，所以他们特别想把目前在做的科技成果转移转化标准化，以降低对人才的依存度。

科技服务业是指运用现代科技知识、现代技术和分析研究方法，以及经验、信息等要素向社会提供智力服务的新兴产业，主要包括科学研究、专业技术服务、技术推广、科技信息交流、科技培训、技术咨询、技术孵化、技术市场、知识产权服务、科技评估和科技鉴证等活动。科技成果转移转化服务属于科技服务业一大类。

我们认为，科技成果转移转化的主要特点之一就是非标，因为很难找到一模一样的科研团队、科技成果、转化方式、承接企业、投资方和市场环境等，每个因素都是一个个变量，很多时候需要"见招拆招"，所以想要对科技成果转移转化服务进行标准化确实非常有难度。为此，需求分散、服务半径短、规范化程度低和人才匮乏等成为科技成果转移转化服务业的最大痛点。

但我们同时也认为，虽然科技成果转移转化服务完全标准化很难，在一些环节和一些事项上却是完全有可能做到标准化的。

举个例子，如果我们想要开一家口碑好的中餐店，那就需要有好的大厨。大厨做菜最重要的是感觉和经验，想要标准化有一定难度，但是一些如选什么食材、用什么厨具和调料、如何做好备菜等完全是可以标准化的。而且一个一般规模的中餐店，通常只要有一两个大厨就够了，其他如帮厨和服务员等也很重要，数量需求更多，但他们的工作完全可以标准化和规范化，相对来说，这类人也不那么难找。

为此，我们建议，可以采用"非标 + 标准化"的方式去设计科技成果转移转化服务，在某些环节和一些事项上实现标准化和规范化，并采用"技术转移官 + 技术经理人"的方式组建科技成果转移转化服务团队。

## 四、如何建设线上的科技成果转移转化平台？

线上的科技成果转移转化平台能不能有？有人觉得，因为技术和科技成果转移转化的特殊性，就注定了不可能有。也有人觉得，信息不对称是制约科技成果转移转化的重要因素之一，所以需要有，也能有。上述两个观点谁对谁错？

线上的科技成果转移转化平台能不能有，关键看平台怎么定位。如果将技术交易平台定位成类似"淘宝网"或者"京东"的平台可能很难做成，也就很难有。以某单位科技成果在网上拍卖为例，共 10 项成果，在总共 24 小时的拍卖时间里，10件拍品7件成交，成交率高达70%，成交金额共计330万元，平均每项成果成交价为47万元。从过程来看，成交的7件科技成果都只有1人报名，且都只出价了1次就以底价成交；3件科技成果完全无人问津，最终以流拍告终。另外，根据报名和竞拍情况来看，参与报名者都只有1人，7项成交的科技成果中有6项的出价时间集中在2分钟之内。

如果将科技成果转移转化平台定位成资讯、案例、社群和对接资源等功能类平台则可以有。但是，任何线上的平台都不好做，线上的科技成果转移转化平台更是如此。因为技术是一种生产难、确权难、交易难的特殊商品，以技术为主要对象的科技成果转移转化，通常表现出"低频、高难、非标、长线"等特征。因此，很多曾经"有钱、有势、有远大理想"的线上平台，烧光了钱，失去了关注，现实磨没了理想，最终以失败收场。

线上的科技成果转移转化平台很难做，但确实有需求，也值得去做。以下提五点建议：

一是要有准确的平台定位。定位错了，付出再多的努力也难见成效。那要如何定位？还是要充分了解科技成果转移转化的特点、难点和堵点，在此基础上，结合自身的资源，确定线上平台的定位。

二是要有清晰的平台发展路径。线上平台最重要的是有一批活跃的用户群体和足够多用户需要的东西，但是两者却是"鸡和蛋"的关系。没有足够多的用户，平台就没有足够多用户需要的东西，平台上没有足够多用户需要的东西，就没有足够多的用户来。为此，平台需要有清晰的发展路径，第一步做什么，第二步又做什么，第三步还要做什么，接下来又要怎么做，切不可走一步算一步，或者不管三七二十一先把平台建设了再说。

三是要有经过线下验证行得通的业务模式。虽然线上和线下不太一样，但是通常线上科技成果转移转化平台的业务模式，还是要在线下进行必要的验证，这一点特别重要。没有经过验证，或者线下都很难走得通的模式，直接想当然地放到线上平台去实现，往往也很难成功。另外，线上有线上的好处，线下有线下的好处，如何线上线下相结合，优势互补也很重要。

四是要特别注意平台的政策等风险。线上的科技成果转移转化平台可以建不好，但不能有政策等方面的风险。线上平台建设可能涉及数据、金融和政策等方面的风险，另外也要注意网站是否涉及需要办理视听许可证、网络文化经营许可证等需要前置审批相关证件的业务，所有这些在做平台前，都要充分调研，必要论证，确认没问题后再建设平台。当然也并不是说做一切事情，都要万事俱备后再去做，但至少要做到心里有数。

五是要做好长期面对困难的准备。科技成果转移转化不好做，线上的科技成果转移转化平台更是难上加难，再加上平台搭建绝不是一朝一夕就能完成的事，这不仅仅是写个线上程序的问题，还涉及如何运营、谁来运营、如何运营好等一系列问题。为此，需要做好长期面对困难的准备，持续投入时间、精力和资源。

## 五、如何正确看待科技成果转移转化的经济利益？

众所周知，做好科技成果转移转化需要情怀。那么，离不开情怀的科技成果转移转化，到底能不能谈钱？该不该谈钱？

业内有两种截然不同的观点：一种观点认为，科技成果转移转化是高尚的，在某种程度上说，科技成果转移转化就是情怀，不能谈钱，也不该谈钱，谈钱是龌龊的，以钱为目的的科技成果转移转化，注定是短视的，也很难取得真正的成功；另一种观点认为，科技成果转移转化本质上也是一种商业活动，就应该谈钱，不以赚钱为目的的科技成果转移转化就是"耍流氓"。

科技成果转移转化能不能谈钱？该不该谈钱？有观点认为，能不能该不该，要看在哪里，对象是谁。在高校、科研院所、医疗卫生机构，应该谈情怀，不应该谈钱；在企业就要在商言商，就要大谈特谈钱。

当然，这种说法也并不被所有人认可。在某高校从事科技成果转移转化的技术经理人就表示，即便是在高校、科研院所、医疗卫生机构，科技成果转移转化也要谈钱。在内部，光谈情怀，不谈钱，科技成果转移转化工作得不到上级部门、单位领导的认可，甚至连科研人员也不认可，从事科技成果转移转化的人就没有地位，没有话语权，科技成果转移转化工作也就没有办法正常开展；在外部，光谈情怀，不谈钱，满口就只是情怀和主义，可能和合作企业、中介机构、投资机构等根本就谈不下去。

我们认为，科技成果转移转化既不能光谈钱，也不能不谈钱。对于高校、科研院所、医疗卫生机构和国企来说，就不该把赚钱放在科技成果转移转化的第一位，更不该把科技成果转移转化作为赚快钱的工具和手段，使命和责任才是做科技成果转移转化的第一位；而对于一般的民营企业、科技成果转移转化服务机构来说，生存和发展需要使然，可以更多地谈钱谈利益，至少可以在有了钱和利益的前提下，再去谈情怀。

另外，虽然高校、科研院所、医疗卫生机构和国企的科技成果转移转化需要更多地谈使命和谈责任，但也不要刻意回避谈钱，更不要以谈钱为耻，应该在履行使命和责任的前提下谈钱。因为，谈钱和有没有情怀是两回事，谈钱和做好科技成果转移转化也并不必然矛盾，谈好了钱，实现了互利共赢的科技成果转移转化才会长久，另外，通常科技成果转移转化只要做好了，获得较大的收益也是自然而然的结果。对高校、科研院所来说，科技成果转移转化的底线是在情怀和利益发生矛盾时，要"以情怀为先，利益为后"，最好的结果就是既履行了责任和使命，也有了可观的经济收益，能够对教育和科研进行反哺。

总之，对于高校、科研院所、医疗卫生机构和国企来说，科技成果转移转化的意义通常都是多方面的，做好科技成果转移转化需要情怀，离不开情怀，但也没必要刻意回避谈钱，更不要害怕谈钱。高校、科研院所、医疗卫生机构和国企科技成果转移转化赚来的"金条"，不仅是高尚的，更是一种本事。只有情怀的科技成果转移转化往往是不可持续的，没有利益的科技成果转移转化通常都是"短命"的。

## 六、科技成果转移转化服务要怎么收费？

从事科技成果转移转化服务，能不能收费？怎么收费？如何才能收到费用？

近年来，随着社会各界对科技成果转移转化的重视，很多省市都纷纷出台了关于科技成果转移转化与技术经理人的管理办法。在这些管理办法中，一般都有类似"技术经理人佣金及费用支付，由参与技术经纪活动各方协商议定"的表述。

提供科技成果转移转化服务可以收费，有价值的科技成果转移转化服务应该收费。而且好的科技成果转移转化服务，其价值肯定不是一笔简单的佣金能衡量的、能买得到的。

既然科技成果转移转化可以收费，那么科技成果转移转化费用收多少合理呢？先来了解一下一些省市的建议收费标准。

2018 年 10 月，江苏省技术产权交易市场对外发布《技术经理人从业佣金收费标准》，据悉这是业内首次提出的技术经理人（技术经纪人）从业佣金收费标准，明确以技术合同成交额为依据，按梯度分配的形式确定佣金比例。有的观点认为，该标准的发布为技术经纪人合理获得收益提供有力保障，可以较好地解决从业技术经纪人有序规范地取得服务佣金的实际问题。

2020 年 5 月，在由湖北省科技厅主办的"联百校 转千果"湖北高校科技成果云推介活动上，湖北工业大学公布技术经纪人佣金标准为 3% ~ 6%。

2022 年 1 月，上海市执业经纪人协会技术经纪专业委员会印发《技术经纪人服务佣金收费标准指导意见》的通知。通知对技术经纪人服务佣金收费标准建议如下：专业咨询，收费 1000 元 / 次（不超过 3 小时）；信息介绍，面议，建议按照乙方收益 1% ~ 5% 分成；全程经纪，100 万元以下建议按照 5% ~ 20% 收取，100 万元以上部分面议，建议不低于 5%，也可折算成对应的股权。

科技成果转移转化如何收费已经有了一定的标准依据，那是不是说科技成果转移转化收取多少费用合理的问题就解决了？其实业内关于"科技成果转移转化收费要不要有标准？标准是否合理？"等之类的讨论一直就没有停止过。

有的专家认为，科技成果转移转化如何收费应该有标准，这是为技术经纪获得收益，有序规范开展经纪活动提供政策保障；有的专家则认为，科技成果转移转化是市场化的产物，就不该有标准，发布收费标准纯属添乱，就应该交给市场去定。

还有的专家认为，目前的一些所谓建议比例标准太低，纯粹是误导，如果是这样，还不如就按原来的面议；也有专家认为，不管是 10 万元的合同还是 1000 万元的科技成果转移转化合同，科技成果转移转化服务付出的劳动其实基本是差不多的，不适合用比例区间来框定……

我们认为，科技成果转移转化如何收费应该有一定的参考标准。标准也不一定是一步到位，可以先定一个标准，然后在试行和实践的过程中不断调整和优化。就算是法律规范，在实践过程中发现不适合的地方也能修改，更何况是一个行业的建议标准。

另外，我们建议，由于科技成果转移转化服务的复杂性，可以考虑采用"指导标准设定最低比例＋上限由市场化协商确定"的方式，即管理办法设佣金收取下限而不设上限，然后根据不同的服务机构、不同的服务企业、不同的服务内容和不同的服务难度等，再由参与科技成果转移转化活动各方协商议定佣金比例。

## 七、市场化的机构要如何做好科技成果转移转化？

市场化做科技成果转移转化能养活自己吗？到底有没有纯市场化做科技成果转移转化的机构？有技术经理人就曾信誓旦旦地表示："科技成果转移转化具有低频、高难、非标、长线的特征，所以全职的技术经理人不存在，因为根本无法生存，现在市面上的技术经理人都是兼职的。"

为什么类似的问题一直有人问？一直有人怀疑？一方面说明科技成果转移转化真的不好做，有不少人对市场化做好科技成果转移转化真的是很没有信心。但是另外一个方面也说明科技成果转移转化真的很热门，明知不好做，还是不断有人想加入这个群体。

首先需要明确的是，科技成果转移转化难是正常的，但是也没有像一些人认为的那样，不可能有纯市场化的科技成果转移转化机构存在。有一些人对科技成果转移转化的理解比较狭义化，如极端地认为"基础研究产出的原创重大成果，经过小试、中试、工程化和产业化后变成产品，再通过市场营销变成热销的商品，生产这个产品的公司通过卖这个商品赚取了可观的利润并且实现了上市"才能算是科技成果转移转化。

我们认为，不管《促进科技成果转化法》（2015 年修订）对科技成果转化的定义，还是《中华人民共和国职业分类大典（2022 年版）》指出的技术经理人主要工作任务，科技成果转移转化都是个广义的概念。市场上存在大量以"成果挖掘、培育、孵化、熟化、评价、推广、交易并提供金融、法律、知识产权"等工作中的一项或多项为主要工作的科技成果转移转化机构。当然，我们也反对把科技成果转移转化过度广义化，有些根本和科技成果转移转化沾不上边的机构也自称从事科技成果转移转化，在一定程度上扰乱了市场。

不可否认，现在确实有些科技成果转移转化机构遇到了发展的瓶颈，甚至生存都有问题。但是市面上还是有不少的科技成果转移转化机构不仅生存得好好的，还有相当一部分过得很滋润，比如一些以开展科技成果评价为主要业务，或者以知识产权服务为主要业务的科技成果转移转化机构。还有一些如提供金融或法律服务的科技成果转移转化机构，很好地找到了金融和科技成果转化，或者法律和科技成果转移转化的"交叉点"，走出了蓝海的市场，发展得很不错。

最后，我们就如何更好地做好科技成果转移转化市场化提以下五点建议：

一是市场化的科技成果转移转化服务机构建议要有多个盈利模式形成互补。作为第三方的服务机构，除了赚取供需双方的佣金，也可以赚第四方的钱，如促成交易后，去申请相关科技部门的促成补助，或者申请科技部门的购买服务，如创新券等。此外，服务机构也可以做 A 事赚 B 事的钱，如做对接不收费（作为其他收费服务的增值服务），而实际上是通过帮忙做专利代理、专利运营或项目申报等服务去收费。

二是市场化的科技成果转移转化服务机构建议要在服务的过程中做好过程管理。服务机构要注重服务的过程管理，通过做好过程管理，保证服务质量。力争把每一次的服务都做好，同时努力把一次性简单偶然的服务变成长期的复杂必然的深度服务，相比寻找新服务对象，去挖掘那些曾经成功服务过的服务对象更重要，逐步去培养一批高黏度的服务客户。

三是市场化的科技成果转移转化服务机构建议要具备帮助服务对象做大"蛋糕"的能力。服务机构的定位不能只是去赚取供需双方的"佣金"，而是要利用所具备的从业知识、从业能力和从业资源，帮助各方把整个"蛋糕"做大，然后从增加的"蛋糕"中切割合理的一部分作为佣金。

四是市场化的科技成果转移转化机构建议要与同行协同共赢。科技成果转移转化服务环节多、链条长，任何服务机构都不可能在所有环节或所有链条上拥有足够的能力，这就要求服务机构不仅自身的科技成果转移转化服务是深度服务，还要主动与其他科技成果转移转化服务链接、协同和合作，努力成为科技成果转移转化体系或链条中不可或缺的一环，各方共同打造全链条或多环节的深度科技成果转移转化服务。

五是市场化的科技成果转移转化服务机构建议要有一定的"梭哈"的勇气。建议服务机构在服务的过程中，要积极去发现可以"托付终身"的"委托方"，一旦看好了就要有赔上"嫁妆"的勇气，投入服务、投入资源甚至投入资金，与"委托方"捆绑在一起，"共结连理"，形成利益共同体、命运共同体，共创未来。

## 八、科技成果转移转化机构要如何突破？

欧美的成功经验表明，要做好科技成果转化，科技成果转移转化机构和人才不可或缺。美国、德国等发达国家大都具有多层次、各领域的科技中介组织和体系。

科技成果转移转化有很高的壁垒，是一个需要人员具有很强的综合能力并且严重依赖资源的行业。经常有科技成果转移转化机构和技术经理人抱怨，科技成果转移转化收不到钱，更是赚不到钱。一问细节，原因总是很多，但归根结底只有一个，就是自身不够专业，提供的科技成果转移转化服务没有多大价值，更谈不上不可替代性，很多只是解决了信息不对称或者仅提供帮忙牵线搭桥的简单服务。提供的是不专业的科技成果转移转化服务，凭什么能挣到专业科技成果转移转化服务的钱？

那么，一个科技成果转移转化机构要如何破局？需要做好以下工作：

首先要做好细节。专业和不专业其实都体现在一个个的细节上，比如有基本的服务清单、有清晰的服务流程、有透明的收费模式、有规范的服务合同、有丰富的服务经验和有较强的解决问题能力等。虽然细节不是专业科技成果转移转化服务的全部，但是专业的科技成果转移转化服务一定离不开细节。想要做好科技成果转移转化服务，想要挣到专业科技成果转移转化服务的钱，先从做好科技成果转移转化服务的细节开始。一个专业的技术经理人在科技成果转移转化服务的过程中，会主动提出与服务对象签订技术保密协议，会帮助服务对象设计最佳的科技成果转移转化方式，会为服务对象规避科技成果转移转化可能存在的风险，会提供科技成果转移转化后的持续服务。

其次要提升能力。科技成果转移转化机构需要提升集聚成果、资金、人才、信息、管理、基础设施和市场等多种要素的能力。我们建议，科技成果转移转化机构可以通过拓展科技成果转移转化"朋友圈"，打造开放式科技成果转移转化模式，提升自身的技术转移能力。科技成果转移转化机构在加强与现有科技成果转移转化机构协同的同时，积极联系高校、科研院所和医疗卫生机构相关管理部门，主动对接政府相关科技部门，广泛联合行业协会、产业联盟，努力建设科技成果转移转化服务网络，精心搭建科技成果转移转化的"朋友圈"。科技成果转移转化机构应把传统封闭式的科技成果转移转化模式开放，引入外部的技术转移能力，在期望提供科技成果转移转化服务时，能够像使用内部科技成果转移转化能力一样借用外部的技术转移能力，能够使用自身渠道和外部渠道来共同拓展市场，能够根据科技成果转移转化的实际需要，整合和集聚科技成果转移转化资源，合作共赢，共同把科技成果转移转化的"蛋糕"做大。

最后要打开格局。我们曾和一个科技成果转移转化机构的负责人围绕"如何破局"进行过探讨。该负责人说，他们现在并不是真正意义上的"科技成果转移转化"服务机构，而是"创新资源转移转化"服务机构。他口中的"创新资源转移转化"是什么？真能破局"科技成果转移转化"之难吗？据他自己说，他曾经花了几年的时间，亲自去做科技成果转移转化服务，最终成功率大约就2%。当然，作为科技成果转移转化机构的负责人虽然掌握的资源比较多，经验也比较丰富，但是时间和精力也是比较少的，所以成功率未必比一般有经验的技术经理人高，因此2%的成功率并不奇怪。他说，正是因为知道科技成果转移转化很难，所以一方面把科技成果转移转化的工具平台化、标准化、共享化，另一方面，他们也调整了自己的定位，除了做科技成果转移转化服务，还做其他如科研设备应用的转移转化、科研平台嫁接的转移转化，甚至是人才转移转化等创新资源的转移转化服务。所以，他们公司的定位并不只是科技成果转移转化服务公司，而是创新资源转移转化服务公司。我们觉得，他说的有一定道理，把科技成果转移转化的"格局"打开了。

## 九、如何做好科技成果信息的收集工作?

众所周知，科技是第一生产力，但是科技并不简单等于生产力。只有对具有实用价值的科技成果进行后续试验、开发、应用、推广直至形成新产品、新工艺、新材料，发展新产业，也就是所谓的科技成果转移转化，科技才能变成生产力。

科技成果转移转化的目的就是提高生产力水平，因此科技成果转移转化的对象并不是所有的科技成果，而是具有实用价值的科技成果。收集具有实用价值的各类科技成果信息是开展科技成果转移转化的一项重要且基础性的工作。

网络信息时代，科技成果的信息可以说是无处不在。科技成果信息来源有：国家科技成果转化项目库等各大科技成果平台，高校、科研院所和医疗卫生机构的官网、微信公众号、科技成果手册等，科技部门官网、成果征集信息、科技计划项目等，各类科技成果对接活动，相关公开报道，文献和专利库等。

上述这些来源中，我们认为对国家科技成果转化项目库要重点关注。国家科技成果转化项目库主要收集中央、部门和地方财政科技计划（专项、基金等）项目形成的科技成果、国家和地方科技奖励成果，以及部门、地方或行业协会推荐的科技成果。科技成果信息主要包括成果名称、成果简介、成果来源、成果完成单位、成果完成时间、成果完成人、联系方式、成果类型、成果状态、转化方式、应用行业，以及与该项成果有关的专利、标准、软件著作权、植物新品种等关联信息。

知道科技成果信息的来源之后，要如何做好收集工作呢?我们认为，科技成果信息的收集可以简单分成主动和被动两种方式。

（1）主动收集。技术经理人通过访问上述科技成果信息来源，借助平台上的检索工具等，收集自己感兴趣的科技成果，或者利用一些爬虫等网络信息抓取工具，主动监控和采集需要的科技成果信息。

（2）被动收集。技术经理人利用自身科技成果的对接成效、平台的公信力、个人的知名度等因素，让科技成果供给方自己把最新的科技成果"送"上门来。从某种意义上来说，这可能是更好的方式。

很多大型企业非常注重科技成果信息的收集工作，会持续关注领域内的一些科研人员，通过关注科研人员的相关文献、专利和公开报道等方式，跟踪最新的研发进展，发现有前景的科技成果就及时跟进。

还有一些企业会特别关注高校、科研院所和医疗卫生机构的官网，关注科研人员的研究方向和最新科研进展，找到有兴趣的，会直接联系科研人员或通过和高校、科研院所、医疗卫生机构的管理部门取得联系，组织企业技术人员到高校、科研院所、医疗卫生机构现场对接和挖掘科技成果信息，探讨合作可能。

另外，建议科技成果信息收集要用好信息化工具，借助信息化工具可以大大提高科技成果信息收集效率，但也不能盲目相信工具，有经验的技术经理人参加科技成果信息的收集工作也非常必要；建议科技成果信息的收集要多措并举，科技成果信息的收集应该根据实际情况制订收集方案，选择平台搜索、会议推介、实地走访、问卷调查、电话调研和专利文献分析等多种方式进行收集；建议科技成果信息的收集重在用好，为了用好科技成果，就必须对收集的科技成果信息进行储备、筛选、发布、对接，并努力促成科技成果实现落地转化，只有把辛苦收集获得的科技成果利用好了，才会促进更好地做好科技成果信息的收集工作。

总之，科技成果信息的收集工作是一项长期的、专业化、系统性的工作，需要持续发力，久久为功。

## 十、如何做好需求挖掘、筛选、匹配和对接？

《中华人民共和国职业分类大典（2022年版）》指出，"为交易各方提供需求挖掘、筛选、匹配和对接等服务"是技术经理人的主要工作任务之一。但在实际工作过程中，技术经理人想要做好"技术需求挖掘、筛选、匹配和对接"工作并不容易，需要好的工具和方法，更需要一定的工作经验。

什么是企业技术需求？目前并没有统一的定义。有观点认为，企业技术需求是指以提升系统（单位）的技术能力和综合实力为目标，以购买和消化吸收引进技术的资金和物质基础为条件，以人力资源的优化配置为手段，以引进技术的产业化和市场化为过程的对先进、适用技术的需要。

目前各大科技成果转移转化平台线上提供的所谓技术需求普遍可靠性不高。

有业内人士就调侃表示，有些企业为了应付科技部门的需求征集，"玩文字游戏"组织假需求上报。然后相关人员也没有进一步筛选辨别，就推动到高校、科研院所去对接。一开始就是伪需求，再怎么对接，也不可能对接出真成效。

那么，为什么有这么多无效的需求存在呢？我们认为，企业人员的表述能力或者技术经理人的沟通能力不好是一个原因，但并不是最主要的原因。一方面，很多企业是"说不出"技术需求，凝炼不出准确的需求，因为提出准确的需求有时比解决这个需求更难，所以很多企业的需求需要专家的参与，或者是企业和专家交流的过程中"碰"出来的；另一方面，企业"不想说"，那些能凝炼出技术需求的企业，也大多不愿意对外透露技术需求，因为可能涉及企业的核心竞争力和商业机密；还有一部分企业"不好意思说"，因为他们觉得承认企业什么东西都不会是一件丢脸的事。为此，企业技术需求涉及的要素较多，具有更新快、变化快、多元化等特点，做好企业技术需求挖掘、筛选、匹配和对接工作并不容易。

什么是需求挖掘？挖掘，释义是挖，刨，从深处挖出来。需求挖掘是主动通过一系列的方法、渠道获取用户非表层（深层次）真实需求的过程。这里面需要特别注意几个关键字，一是"主动"，二是"一系列的方法、渠道"，三是"非表层（深层次）"。

如何做好需求挖掘工作呢？我们认为，需求挖掘与需求征集、需求收集都不一样，重在"挖掘"二字。做好企业技术需求的挖掘要"抓源头、看时效、找对人、选好方式、重过程管理"。

（1）抓需求的来源。一般来说一手的需求比经过多手的需求真实，现场调研获取的需求比电话调研和邮件征集获取的需求真实。

（2）关注需求的时效性。一般来说新需求比旧需求的可信度要高，越是时间久远的需求，要么难度很大，要么早已失效。

（3）找对需求挖掘企业的对话人。应尽可能约访到企业决策层，或者至少为研发部门负责人，避免挖掘的需求只是对话人的个人想法，或者根本分不清需求的轻重缓急。

（4）注重需求挖掘人能力的提升。同样一家企业，不同的挖掘人，可能获得的需求结果完全不一样，所以让经过培训的技术经理人负责或者邀请一些相关领域的技术专家参与或者让专业的第三方科技服务机构进行需求挖掘可以提高需求挖掘质量。

（5）选择合适的需求挖掘方式。需求挖掘时应该根据实际情况制订挖掘方案，选择会议推介、实地走访、问卷调查、电话调研和企业专利分析等方式中的一种或多种进行挖掘。

（6）注重需求挖掘的过程管理。规范化技术挖掘的流程步骤，特别是要注重需求挖掘的前期准备工作，包括但不限于对拟挖掘企业基本信息的搜集和研判等，当然需求挖掘后的持续跟进也很重要。

企业技术需求的挖掘工作是技术经理人开展科技成果转化的重要工作任务之一，是开展科技成果转移转化的关键和前提之一，是一项长期的、专业化、系统性的工作。为此，也有专家建议，要引进或组建第三方科技服务机构进行技术需求挖掘，用专业的人做专业的事。

需求挖掘的目的就是使用，只有把辛苦挖掘获得的需求利用好了，才会促进更好地做好需求挖掘工作。需求在用之前，需要对技术需求进行快速有效的筛选。做好技术需求筛选，我们建议，做好"三定"、用好"四工具"。"三定"即定真伪、定价值和定可行性，"四工具"即看一看、搜一搜、问一问和想一想。

"三定"首要先定真伪，即判断技术需求的真实性。如何判断一项需求的真伪呢？可以从需求的来源、需求提出的时间、需求的完整性、企业的情况（地址、规模、主营业务、企业资质、现有基础等）等方面入手。

"三定"其次要定价值，即判断技术需求的价值。如何判断一项技术需求的价值呢？可以从需求的类型、企业的情况、需求与企业主营业务的关联度、需求所在行业的情况、需求可能解决方案的经济和生产可行性、企业领导的重视程度、需求提出方所提供的费用等方面入手。

"三定"最后要定可行性，即判断技术需求解决的难易程度。如何判断一项技术需求的可行性呢？可以从需求的类型、需求可能涉及技术的情况、需求的完成时限、需求提出方的情况基础及配合度、曾经合作对象等方面入手。

"四工具"包括：看一看，要看需求的来源、需求的类型、需求的完整性、需求提出的时间等；搜一搜，要搜需求提出企业的情况、搜需求与企业主营业务关联的情况、搜需求所在行业的情况等；问一问，要就需求的情况问问企业相关联系人，问问需求企业所在地科技部门的意见等；想一想，即要结合看一看、搜一搜和问一问所获得的信息，认真想一想，对需求的真伪、价值和可行性做出基本判断。

想要对企业技术需求进行评估和分析，是不是做好"三定"和用好"四工具"就够了？实际上很多时候确实够了。但是对一些重点技术需求，除了技术经理人的参与，建议还是要引入技术专家、企业专家和金融专家共同参与。

技术需求匹配对接是促进科技成果有效转化及提高科技成果转化率的重要过程和关键手段。要如何实现精准匹配和对接呢？我们建议，做好"对接前的准备、对接现场的撮合、对接后的跟进"这三个步骤。

（1）对接前的准备。现场对接的时间一般都很有限，往往参加的人员也比较多，要在很短时间内取得对接实效，对接前的准备工作十分重要。首先要做的是需求解读，可以通过企业网站、相关媒体报道了解企业相关信息，通过承担科技计划项目情况了解企业产学研情况，通过行业报告了解行业和需求情况，通过电话交流、咨询地方科技部门、实地调研等方式了解企业需求及企业合作意愿等；其次是寻找供方，可以通过科技成果网、文献和专利等方式找到成果供给方，再通过高校、科研院所、医疗卫生机构相关科研管理部门对接到相关科研人员；再者是供需匹配，把企业信息和需求信息提供给科研人员，科研人员如果觉得可以对接，请科研人员整理一份专家介绍及成果信息，再加上所在高校、科研院所、医疗卫生机构的介绍，一同发给需求企业；最后是对接组织，在双方前期信息互相了解，且都认为有对接可能性的前提下，和供需双方约好对接时间、地点、参加人员和具体安排等。

（2）对接现场的撮合。在前期供需双方信息充分了解的前提下，对接现场往往就能比较容易取得实效。对接现场一般包括以下几项内容：高校、科研院所、医疗卫生机构概况和成果情况介绍，企业概况及需求情况介绍，实地参观企业展厅、生产线，各方交流座谈等。对接过程中，牵线搭桥方和科研人员既分工也协作，科研人员从技术层面来谈，牵线搭桥方从合作方向和合作方式等方面加以引导和撮合。对接现场要注意抓住时机，供需双方都有对接意向，要现场推动达成一些初步合作共识，如约定初步合作方向、合作方式、合作具体衔接人，以及进一步接洽时间等。

（3）对接后的跟进。对接不是"一锤子买卖"，即使对接前期做了大量的工作，对接过程取得很好的实效，也很难在一次对接活动中就能够达成很好的合作。有对接意向的项目，在现场对接后的持续跟进和推动也十分重要。要注意趁热打铁，对接有实效的项目，要积极和供需双方保持联系，包括邀请企业回访高校、科研院所、医疗卫生机构，及时了解进展情况，参与供需双方合作协商等方式，帮助消除供需双方合作的疑虑，解决供需双方合作存在的障碍，努力推动双方达成实质性的合作。

## 十一、如何做好科技成果转移转化的谈判工作？

科技成果转移转化谈判，一般是指当事人就科技成果转移转化的问题确定各自权利与义务而进行的谈判。技术经理人在科技成果转移转化过程的谈判无处不在，既包括与科技成果发明人的谈判，也包括与科技成果购买人的谈判，还包括与科技部门、资本等其他主体之间的谈判。科技成果转移转化的谈判是技术经理人做好科技成果转移转化的基本能力之一。

科技成果转移转化谈判有三个环节 N 条策略。所有的科技成果转移转化谈判都可以简单分成谈判前、谈判中和谈判后三个环节。每个环节都很重要，直接决定了科技成果转移转化谈判的成效。以和科技成果购买人的谈判为例，技术经理人侧重以科技成果和成果权属人为核心，简要说明技术经理人要如何做好科技成果转移转化谈判的工作。

一是谈判前的准备。真正的科技成果转移转化谈判始于正式谈判之前。谈判前的准备工作包括搜集情报、组建谈判团队和制订谈判方案等。

（1）搜集情报：包括两个方面，一方面是做好"知彼"，即要了解成果购买方的企业规模、发展历史、文化，了解对方参与谈判人员情况（人员构成、工作经历、专业、性格特点和信用情况等），了解对方接触或者合作过的其他项目，了解对方竞争对手情况，分析对方优势和劣势（明确为何要和对方合作，判断风险，并作为谈判的筹码）；另一方面是"知己"，即要了解科技成果转移转化的相关政策、制度和流程，了解技术和团队情况（技术的成熟度、先进性、应用前景、是否已经有效保护；团队的构成、稳定性、研发能力、领域影响力和商业化能力等），要分析自身优势和劣势，确定拟采用的科技成果转移转化方式（许可、转让、技术入股、产学研合作等方式，费用及支付方式，知识产权归属、收益、报奖等约定，不同方式下的权利诉求与可能需要承担的义务）。

（2）组建谈判团队：科技成果转移转化的谈判高度紧张、复杂多变，需要大量的信息资料和多方面的专业知识，通常不是单枪匹马能完成的。组建规模适宜、结构合理、高质高效、性格互补的科技成果转移转化谈判团队非常重要。建议科技成果转移转化的谈判团队要由懂政策、懂法律、懂技术、懂管理和有一定决策权的人组成，其中成果发明人和科研管理人员是最重要的谈判成员之一，必要的时候也要安排负责现场记录的人。

（3）制订谈判方案：要明确科技成果转移转化谈判的目标，哪些是必须达成的，哪些是争取达成的，哪些又是乐于达成的；同时要商定谈判的时间和地点、期限、议程和人员等；最重要的是要确定谈判所采取的策略，制订科技成果转移转化谈判的计划，分析可能碰到的问题，以及拟采取的应对措施等。谈判之前，团队内部要就谈判方案和策略达成共识。

二是谈判中的策略和技巧。很多其他谈判的小技巧，同样适合科技成果转移转化谈判。如：营造良好谈判气氛、寻找共同点、投石问路、示弱与"装糊涂"、后发制人、慷慨的小行为、主动让利、攻心、说出精准数字与信息、对等原则、强化对方的友好行为、激将法等。

科技成果转移转化谈判过程中，谈判团队成员有协作，更要有分工，要确定谈判的主谈人，其他人要积极配合主谈人做好谈判的辅助工作。谈判过程中，要特别注意倾听，注意换位思考，在核心问题上坚持，并说明坚持的理由，如果是上级部门的科技成果转移转化政策规定和要求，在尽可能取得对方的理解和支持，在非核心问题上主动让利。要尽可能按照事先制订的谈判计划和谈判方案进行谈判，此外，要特别善于察言观色，根据谈判过程的实际情况，灵活采用谈判技巧和策略。

三是谈判后的注意事项。谈判就是为了达成共识，不能谈而不决，所以每次科技成果转移转化谈判都要有会议纪要，会议纪要要经过谈判各方确认。谈判临近结束的时候最容易变卦，要懂得速战速决，必要的情况下，可以现场形成会议纪要，并签字确认。

谈判的结果应当在科技成果转移转化的合同中明确；要设置合理的违约责任，确保各方履约；要尽可能促成各方按照谈判达成的共识尽快签约。

## 十二、合同金额和到账金额有什么区别？

经常看到媒体报道某某高校、科研院所、医疗卫生机构和某某企业签订科技成果转移转化合作协议，合同金额几百万元到几千万元的比比皆是，甚至数亿元的合同也不罕见。给人感觉好像科技成果转移转化也没有想象中的那么难做，科技成果转移转化经济效益明显。那么，什么是合同金额？什么是到账金额？这两者一样吗？如果不一样，为什么媒体报道中通常只体现合同金额，而不体现到账金额？

合同金额又称协议金额，是指在科技成果转移转化合作合同中约定的、涉及的具体数额，通常是合同中各个阶段要支付金额的总和。同样一项科技成果，和同样一家企业合作，不同的转化方式和价款支付方式，最终的科技成果转移转化合同金额很可能完全不一样。到账金额是指截至某个具体时间已支付的数额，到账金额一般需要明确具体的时间。

很显然，合同金额和到账金额是两个不一样的概念。那么，合同金额和到账金额是什么关系？差距到底有多大？可以用一个公式来描述：合同金额≥到账金额。简单来说，到账金额可能等于合同金额，也可能和合同金额差距非常大。

比如，某科研院所与某公司签订某专利转让协议，协议约定：专利转让完成10个工作日之内，支付100万元；专利转让2年内，专利技术合作成功开发产品样机后，支付900万元；产品实现销售且盈利超过10亿元，一次性支付1亿元。根据协议，这个合作的合同金额是1.1亿元，第一笔的到账金额是100万元。

又如，某高校与某公司签订一批专利转让协议，协议约定：专利转让完成15个工作日之内，支付1000万元；为推动成果更好转化，后续公司将根据产业化进度，分阶段支付高校总价值约3亿元的横向经费，新形成的知识产权归属公司。根据协议，这个合作的合同金额是3.1亿元，第一笔的到账金额是

1000 万元。

为什么媒体报道中通常只体现合同金额，而不体现到账金额？看看上面合同金额 1.1 亿元和到账金额 100 万元，合同金额 3.1 亿元和到账金额 1000 万元的差距就明白了。

相比到账金额，合同金额数据好看并且更有显示度，更有统计意义和宣传意义，所以媒体报道时经常采用合同金额。但如果我们要研究科技成果转移转化，要了解科技成果转移转化的真实情况，显然到账金额更有实际意义。那么有没有可能，为了数据好看或为了更好地宣传，科技成果转移转化各方故意在约定价格（双方认可的价格）的基础上，把合同金额写大？客观地说，有可能。但只要是正常合理的合同，白纸黑字写了，最后都是需要去履约的，纯粹为了数据好看和好宣传，故意去这么做，可能给未来带来很大的隐患。

最后，需要特别说明的是，因为科技成果转移转化的高风险性，"入门费＋提成费"的定价与支付方式，可在一定程度上化解双方的成交风险，将双方的利益及应承担的义务紧紧捆绑在一起，所以在实操过程中经常采用此方式。也因此，合同金额高于到账金额的科技成果转移转化合同并不少见。但是，我们还是呼吁，既然要报道，报道了科技成果转移转化的合同金额，并重点强调了，那也"顺便"提一提到账金额。

## 十三、专利转让成功是不是就是转化成功？

什么是科技成果转化？如何衡量科技成果转化成功与否？某高校的专利成功转让给了某企业，这算是科技成果转化成功了吗？

科技成果转化是指为提高生产力水平而对科学研究与技术开发所产生的具有实用价值的科技成果所进行的后续试验、开发、应用、推广直至形成新产品、新工艺、新材料，发展新产业等活动。

从科技成果转化的概念可以看出，科技成果转化的工作内容是"对具有实用价值的科技成果进行后续试验、开发、应用、推广等"。一方面，不能狭隘地认为科技成果转化就是"应用和推广"，夸大了"应用和推广"的作用，"后续试验、开发"也都是科技成果转化的重要工作内容；另一方面，也不能泛化地认为只有对一项具有实用价值的科技成果开展了"后续试验、开发、应用、推广等"全部工作才算是开展了科技成果转化的工作，"后续试验、开发、应用、推广等"其中的一个或多个活动都构成了科技成果转化的工作内容。

如何衡量科技成果转化的成功与否？我们认为，不好衡量。科技成果转化为生产力，需要一个过程。从科技成果初步应用，到形成产品，直至达到规模化、产业化阶段，都可以算作科技成果转化过程。目前，学术界对于究竟什么样的转化才能算是成果转化成功，还存在很大争议。为此，我们认为，与其去简单衡量成果转化成不成功，还不如去衡量成果转化的成效。那么，要如何衡量科技成果转化的成效？应该以结果为导向，"看科技成果转化多大程度地提高了生产力水平"，生产力水平提高越多，科技成果转化的成效就越好。

那么，某高校的专利成功转让给了某企业，这算是成果转化成功了吗？同样不好回答。如果硬要回答，就要看对象是谁。对高校来说，专利转让出去了，再做好专利使用培训等工作，某种程度上说，高校对该项科技成果的转化可以算成功了，但是科技成果转化的成效如何，无法评判；而对于企业来说，把高校的专利买下来后，可能只能算科技成果转化的开始，最终成果转化成不成功，成效如何，还要看后续转化的实际情况。

## 十四、如何应对科技成果转移转化过程中的问题？

经常会有技术经理人在科技成果转移转化群中咨询转移转化过程中碰到的问题及解决方案。面对科技成果转移转化过程中的问题，技术经理人要如何去应对？有一部分专家对问题始终秉持着"批判性"的思维，总是觉得这个不好，那个不能，这个有风险，那个有问题，这个不好操作，那个不可控，总之就是不行。

我们认为，科技成果转移转化特别是涉及国有资产的科技成果转移转化，适当谨慎是对的，但是对一个科技成果转移转化"说不"要慎之又慎，更是不能"张口就来"。科技成果转移转化最难的是什么？我们认为，没有可以转化、适合转化的科技成果是最主要的原因之一。因为巧妇也难为无米之炊。

既然有了可转化、适合转化的成果，作为技术经理人的任务就是想方设法把科技成果转移转化做好。科技成果转移转化没有固定的方式，要根据科技成果所属领域、成熟度、知识产权情况、承接企业和科研团队等实际情况去设计合适的方式。

另外，科技成果转移转化具有高风险、高投入和长周期的特点，过程往往不会一蹴而就，会碰到各种各样的问题。科技成果转移转化能不能转化出好成效，某种程度上说要看问题能不能解决掉、解决好，而且很多时候还要在发展中解决问题，边发展边解决。

不管是科技成果转移转化方式的选择，还是科技成果转化问题的解决，我们认为，发展是硬道理，而对于一项科技成果来说，转移转化才是硬道理。科技成果转移转化很需要创新，不仅仅是因为成果离不开创新，把成果转移转化好、转化出好成效同样离不开创新。从某种程度上来说，只要法律法规不禁止，如果确实是解决问题的需要，就可以先行先试。当然，作为专业的技术经理人，先行先试的过程中，也要尽可能把流程、环节完善好，做到尽可能不留隐患，特别是不留大隐患。

总之，科技成果转移转化特别是涉及国有资产的科技成果转移转化是一项专业性非常强的工作，解决转化过程的问题，离不开专业技术经理人的参与。

面对科技成果转移转化的问题，我们要谨慎地说不好、不能、不行。要多去想怎么样才好、才能、才行，解决方案总比困难多。科技成果转移转化正是因为困难重重，才能体现专业技术经理人的专业和价值，技术经理人的工作才有意义。

## 十五、要如何看待科技成果转化率？

我国的科技成果转化率到底是太高？还是太低？

什么是科技成果转化率？有观点认为，科技成果转化率是指转化成现实生产力的科技成果在科技成果总数中所占的比率。关于我国科技成果转化率的情况，长期以来，业内和官方媒体基本持"偏低"，甚至是"太低"的观点。

在媒体、学术期刊甚至官方材料中，有各种版本的科技成果转化率数据，但大都没有核实数据来源是否可靠就被大量转载引用。流传较多的说法是"我国的科技成果转化率平均只有 15%"；在与国外比较时，报道或称"与发达国家科技成果转化率超过 50% 相比，我国的科技创新资源的浪费十分严重"；或称"发达国家的科技成果转化率达 40% ~ 50%"；甚至称"与发达国家 80% 转化率的差距较大"。

正是因为媒体、学术期刊甚至官方材料的说法，所以业内很多人也持"我国科技成果转化率偏低"的观点，并且对此说法深信不疑。我国各种科技成果转化政策和举措的制定和出台，比如提高科技成果转化奖励的比例、科技成果转化各种税收减免优惠、大量培训技术经理人等，都是基于"我国科技成果转化率偏低"的前提，目的只有一个，就是想方设法"提高我国科技成果转化率"。

但实际上，业内有些专家对"我国科技成果转化率偏低"的说法并不认同。他们认为，中国的科技成果转化率相对国外并不是偏低，而是偏高，在有些时候还存在"过高""虚高"的情况，违背科技成果转化基本规律。

他们指出，我国很多还没有成熟的技术，就有人着急并试图推向产业。这种做法，一方面得益于中国有很大的市场作为支撑，确实其中的一些不成熟技术也取得了成功，这就造成了我国科技成果转化率"偏高"的情况；另一方面为各种考核和统计的需要，把不那么成功的转化也算成了转化成功，这就造成了我国科技成果转化率"虚高"的情况。总之，我国科技成果转化存在"转化太早、太快，转化率太高"的情况，进而出现急功近利等问题，一个典型的后果就是科技成果转化费力、科技成果转化成效不明显。

科技成果转化率只能在明确了分子分母界定标准的前提下，在小范围内测算和使用。有专家指出，因为"成果"概念没有标准、"转化"概念过于模糊、统计周期难以确定等原因，准确测算一个国家的科技成果转化率还很难。在国外，甚至没有成果转化的概念，更没有针对全社会科技成果转化情况进行统计或评价。

谈一个数据是偏高还是偏低，需要有参照物，需要和另外一个数据进行比较。因为科技成果转化率难以测算（小范围内测算和使用除外），所以不管是我国科技成果转化率偏高还是偏低的说法都是主观判断，都缺少准确数据作为支撑。我们认为，与其讨论科技成果转化率偏低或者偏高，不如讨论科技成果转化成效大小，如何提高科技成果转化成效。

## 十六、这些大学科技成果转移转化做得好的原因是什么?

我们经常会在网络上看到类似"这所高校科技成果转移转化为什么这么强""为何这个研究院的科技成果转移转化这么牛""揭秘这个医院科技成果转移转化成效显著背后的原因"的文章。这些文章分析了某大学、某科研院所或某医院科技成果转移转化做得好的各种原因。有读者看了文章之后，认为这些文章噱头十足，虽然也分析了一些原因，但是却没有分析科技成果转移转化做得好背后的真正原因。

一个单位科技成果转移转化之所以能做好，最重要的原因是什么? 是领导重视? 是团队牛? 是经费足? 是机制优? 是投资棒? 这些所谓的原因，很可能恰恰是因为这个单位科技成果转移转化做得好才逐渐具备的，而非具备了这些因素科技成果转移转化才做得好。

为什么这么说呢? 我们以高校为例进行简要分析。某媒体根据中国科技成果转化年度报告整理的"2021 年中国科技成果转化 TOP50 高校"显示，我国科技成果转化前 50 强高校中，有 45 所是双一流高校，只有齐鲁工业大学（山东省科学院）、扬州大学、江苏大学、浙江工业大学和浙江理工大学 5 所非双一流的高校。进一步观察发现，科技成果转化 50 强高校和国内高校的 QS 世界大学排名（去掉一些以文科为主的高校）高度一致。而国外科技成果转移转化做得好的高校，如斯坦福大学、牛津大学、麻省理工学院和英国帝国理工大学，没有一个不是 QS 世界大学排名较靠前的高校。

虽然一所高校的排名不一定准确，也不是高校的全部，但即使这样，我们也不难得出结论：一所高校科技成果转移转化做得好，这所高校的科研实力一定很强。没有高校的强大科研实力作为支撑，哪有高校的科技成果转移转化好成效。高校的科技创新是科技成果转移转化的基础、前提和源头活水。

一所高校科技成果转移转化的"罗马"不是一天建成的，也不是平地就能高楼起的，背后是这个高校的科研实力作为地基。所以，科研实力强才是一所高校科技成果转移转化做得好的最重要原因。当然，科研实力强的高校，科技成果转移转化也不必然就做得好，想要做好，离不开高校领导的重视、团队牛、机制优和投资棒等其他因素。

那么，高校为什么要做科技成果转移转化？高校要做什么样的科技成果转移转化？如何衡量高校一项科技成果转移转化的价值？

2023年11月29日是武汉大学（以下简称"武大"）百卅校庆之日，武大1987级计算机系校友雷军，个人向母校捐赠13亿元，刷新武大建校以来单笔最大捐赠额，这也是全国高校收到的最大一笔校友个人现金捐赠。

我们认为，武大培养雷军，雷军回馈武大，这应该算是目前国内高校最成功的科技成果转移转化案例之一了。

此次捐赠主要聚焦三个方向：支持数理化文史哲六大基础学科研究，支持计算机领域科技创新，支持大学生培养。简单说，就是支持武大的基础学科发展、科技创新和大学生培养。

在接受有关媒体的采访时，中国科学院院士、武大校长张平文表示，武大当下的发展重点是服务于重大国家战略，以及促进中部地区崛起，武大更需要发展的是基础学科，雷军全部捐款额的1/3将专门用于支持基础学科。

谈到为什么要捐赠？雷军表示，是对母校的爱。武大教给他知识，让他学会了学习的方法，指导他走上了科技探索的道路，给了他一生最重要的财富。为了让武大越来越好，每个人都可以用实际行动回馈母校，有钱出钱，有力出力。

高校为什么要做科技成果转移转化？如何做科技成果转移转化？美国斯坦福大学技术许可办公室（OTL）认为，大学科技成果转移转化的宗旨在于让技术最有效地为社会所用，而不是为了OTL或斯坦福大学本身获得技术商品化的最大收益。虽然大学科技成果转移转化的目的是公共利益而非经济收益，但如果做好了科技成果转移转化，自然会获得极大的收益。

作为国家战略科技力量的重要组成部分，面向国民经济主战场是国家赋予高校的重要使命之一。高校做科技成果转移转化就是为了让科技成果最有效地为社会所用。高校要做就做真正的科技成果转移转化，要让高校原创基础研究产出的重大成果最有效地为社会所用。如何能最有效呢？以企业为主导、需求为牵引、产学研深度融合是重要的举措之一。衡量高校一项科技成果转移转化的价值，就要看这项成果能在多大程度上为社会所用，发挥了多大的社会作用，最终又能在多大程度上反哺高校的教育和科研，促进高校更好地服务重大国家战略。

## 十七、为什么大学的很多科技成果转移转化困难？

《2022 年中国专利调查报告》显示，2022 年我国高校有效发明专利产业化率仅为 3.9%。众所周知，国内高校科技成果转移转化效率不高的问题一直存在，2023 年某高校"科研成果转化率为零"的消息更是引发广泛关注。那么，为什么大学的很多科技成果转移转化会这么困难？

首先，需要明确的是，科技成果转移转化是一项长期复杂的系统工程，所以科技成果转移转化难是正常的，不仅高校的科技成果转移转化难，科研院所的科技成果转移转化也难，甚至企业的科技成果转移转化也不容易，失败其实是科技成果转移转化的常态。另外，科技成果转移转化的周期通常比较长，很多科技成果转移转化在某个具体的时间段很难准确判断是失败或成功。

其次，高校的科技成果成熟度普遍偏低是高校的科技成果大量转化"失败"的重要原因之一。高校相当一部分已经结题的科研项目形成的所谓"成果"并不是真正意义上的成果。处于这一阶段的许多"成果"，在先进性、实用性、成熟性、商业价值性（经济性）方面很难同时具备，存在技术进步小、技术参数不稳定、不能直接转化等现象，没有达到可以向生产转化的成熟度，难以真正应用到生产中去。因此，高校科技成果本身的成熟度问题是制约科技成果转移转化的重要因素之一。

另外，高校的科技成果评价机制"重研发、轻转化，重论文、轻专利"的问题仍然普遍存在，这也是高校的科技成果大量转化"失败"的原因之一。高校的科研人员在选择课题时，首先考虑的是项目是不是科技前沿、是否具有创新性，而对其市场应用前景或能否转化通常很少考虑或几乎不考虑，科研的成果和结题的依据就是文章和专利，不愿意费时、费力、冒着风险去做后续工作。这种评价机制下，高校做科技成果转移转化的科研人员总是"低人一等"。

当然，高校的科研人员普遍不擅长转化，也是高校的科技成果大量转化"失败"的重要原因之一。很多高校喜欢把具有较高市场价值和市场前景的科技成果进行自主转化，但是自身又不具备市场开发的实力、经验和经营能力，往往事与愿违，甚至会荒废科研事业、耽误学生培养。正因为如此，也有不少高校把科研人员与企业合作视为成果转化的更重要方式。然而，高校和企业是两个完全不同的组织，在文化上有比较大的差别，科研人员和企业人员有各自的思维方式和行为习惯，能不能很好地应对合作过程发生的"冲突"是科技成果转移转化能不能成功的关键因素之一。

另外，高校科技成果转移转化的管理人员通常"积极性不高"，也是高校的科技成果转化"失败"的重要原因之一。高校的科技成果转移转化需要懂科技成果转移转化的科研管理人员把技术和市场衔接起来，但想让高校的科研管理人员深度参与并不容易。不少高校的科研管理的定位纯粹只是服务，科研管理人员严重不足、工作任务繁重、地位不高、晋升空间有限、考核激励机制不健全，诸如"没有合理、完备的晋升通道，评到副高职称就基本到天花板了""干好干坏都一样，没有合理的激励机制"之类的情况比较普遍。从某种程度上说，缺少有效激励，科研管理人员没有深度参与，科研管理水平不高，是制约高校科技成果转化的重要因素之一。

最后，其他诸如科技成果转移转化体制不健全、企业承接能力不足、科技成果转移转化资金不足、高层次的科技成果转移转化平台缺失、市场化的科技成果转移转化机构和高水平的技术经理人缺乏等也是制约高校科技成果转移转化的重要原因。

如何做好高校的科技成果转移转化？建议首先要正视高校科技成果转移转化的困难，要进一步健全科技成果转移转化体制，鼓励企业作为科技成果转移转化的主体，加大科技成果转移转化资金的投入、打造高层次的科技成果转移转化平台，培育市场化的科技成果转移转化机构和高水平的技术经理人。

此外，做好高校的科技成果转移转化，更重要的是要进一步优化高校的科技评价机制，鼓励高水平基础研究的同时，也能激励高水平的科技成果转移转化，支持科研人员提高科技成果的成熟度，重视高校科研管理人员在科技成果转移转化中的作用，鼓励科研管理人员深度参与高校的科技成果转移转化，特别是重大科技成果的转化。

总之，人是高校科技成果转移转化最重要的因素，成果是人做出来的，转化更需要人去推动，为此，想要提高高校的科技成果转移转化成效，就要想尽一切办法提高人的积极性，人包括科研人员、科研管理人员、技术经理人、投资人、企业家等科技成果转移转化的各类主体。

## 十八、为什么说做好科技成果转移转化需要"双向奔赴"？

众所周知，科技成果转移转化很难。为什么难？很多人把科技成果转移转化的难归咎于缺乏可以转化、适合转化的科技成果。简单一句话，就是没有好成果，巧妇难为无米之炊。

确实，现在相当一部分已经结题的科研项目形成的所谓"成果"并不是真正意义上的成果。处于这一阶段的许多"成果"，在先进性、实用性、成熟性、商业价值性（经济性）方面很难同时具备，存在技术进步小、技术参数不稳定、不能直接转化等现象，没有达到可以向生产转化的成熟度，难以真正应用到生产中去。

不可否认，非常适合转化的科技成果相对不足是国内科技成果转化难的重要原因，但除此之外，还有以下方面的原因：缺乏专业的科技成果转移转化机构、技术交易平台和科技成果转移转化人才；缺乏重视创新、愿意创新且有科技成果承接能力的企业；缺乏以应用研究为主的新型研发机构，以及对实验室成果进行验证的概念验证平台和中试放大的中试平台；缺乏在科技成果转化阶段投入的财政资金，以及愿意投资风险较大的科技成果的社会资本…… 科技成果转移转化之难，绝不只是成果本身的问题，是多方面原因共同作用的结果。

这些造成科技成果转移转化难的因素中，除了缺乏好成果之外，另外一个重要的因素就是缺乏好需求。获取好的成果不容易，获取好的需求同样不容易。中国科学院大学公共政策与管理学院教授，中国发展战略学研究会副理事长、秘书长霍国庆把科技成果转化分成创新驱动和需求拉动两种基本模式。创新驱动模式最重要的是有好成果，而需求拉动模式最重要的则是有好需求。

一个好需求，至少要具备真实性、准确性、价值性和可行性等特点。但是，目前各大科技成果转化平台线上提供的所谓技术需求普遍可靠性不高，真实性都存在问题，更称不上是好。那么要如何获得好需求呢？最有效的方法就是需求挖掘。需求挖掘工作是开展科技成果转化的关键和前提之一，是一项长期的、专业化、系统性的工作。为此，也有专家建议引进或组建第三方科技服务机构，进行技术需求挖掘，用专业的人做专业的事。

总之，做好科技成果转移转化需要供应端和需求方的"双向奔赴"，甚至还需要科技部门、资本方等各方的"多向奔赴"。

## 十九、如何看待当前概念验证中心建设成效？

据不完全统计，截至2023年底，全国各地挂牌的概念验证中心超过了百家。有科研人员问我们，概念验证中心到底能为科研人员做什么？是提供对接服务吗？还是提供概念验证资金呢？科研人员真的缺"对接式"的概念验证服务吗？还是差数万元到数十万元的概念验证资金？这些真的是科研人员需要的吗？

概念验证这一提法源自欧美高校或公共部门的概念验证平台或资助计划，旨在为早期成果配置资金、开展技术与商业化验证，降低风险、验证可行性，并吸引进一步的投资，以消除科技成果转化的相关阻碍。《党的二十届三中全会〈决定〉学习辅导百问》指出，概念验证是指从技术、市场、产业等维度，对科技成果进行验证，旨在验证技术可行性并判断商业价值、评估市场潜力，是吸引社会资本推动科技成果形成产品、迈向市场化产业化应用阶段的重要环节。概念验证中心通过提供种子资金、商业顾问、创业教育等对概念验证活动进行个性化的支持，主要帮助弥合高校科研成果与可市场化成果之间的鸿沟，促使高校科研人员成功踏出科技成果转化的"最初一步"。

概念验证从字面意义上来看，是对"概念"级别的科技成果进行验证，是对成熟度较低、较早期成果的验证，验证的目的是快速淘汰暂时没有产业化前景的成果，找出可能有产业化前景但是需要进一步投入资金等资源去验证的成果。概念验证的工作既包括技术方面的验证，也包括商业化和市场化等方面的验证。概念验证在科技成果转化链条中属于比较早的阶段，接近于小试，但比小试更早。

国外概念验证中心发展了几十年，做得有成效的也就几十家，我国2023年建设的所谓概念验证中心在数量上就已经实现了赶超。为此，有业内人士调侃现在国内很多概念验证中心建设的现状：有展厅，没项目；有实验装备，用得不多；资源链接四通八达，一年碰不到一次；能实现各类要素集聚，在PPT

里；概念验证经费方面，各个合作资源都资金雄厚，但都想摘成熟果子，概念验证阶段可以出力，不想出钱。

概念验证中心如果在定位上存在问题，既可以做所谓的概念验证，还可以做小试和中试熟化，甚至还做工程化和产业化。其实要做好其中的一个都不是很容易，什么都去做，失败是大概率事件。

当然也有很多概念验证中心，刚开始建设时的定位是非常准确的，也是有所为，更有所不为。但是建设了之后，真正过来进行概念验证的项目很少，倒是有些项目是中试熟化的需求，再加上地方科技部门和领导也希望概念验证中心功能不要太单一，最好建一个平台，能把概念验证、检验检测和中试熟化等所有科技成果转化的事情都做了。于是，他们就把业务范围拓宽了，承接了一些所谓的中试熟化项目，可是"没有那金刚钻别揽瓷器活"，结果自然是很难做好。渐渐地，不仅中试熟化业务做不好，本职的概念验证也做不好了。

作为一个概念验证中心，定位和定力非常重要，刚开始如果把项目做好做精了，就不怕没有业务主动找上门来。当然，一个好的概念验证中心，也不仅仅"只闻概念验证之事"，而对其他两耳不闻。概念验证项目的需求也不会只是单一的需求，通常除了有概念验证的需求，可能还会有小试、中试熟化、工程化甚至人才和融资等方方面面的需求。作为概念验证中心这些方面要涉及，但不代表自己就要去做，应该把自身作为一个关键节点，和其他科技成果转化资源形成协作和互动，在项目需要资源时，帮他们对接和整合，这样的概念验证中心是市场所需要的，也是完全有机会做好的。

另外，我们认为，很多科研人员真的不缺那数万元到数十万元的概念验证资金，不缺对接式的概念验证服务，更不缺"挂羊头卖狗肉"式的概念验证中心的"纸上谈兵"。大多数的科研人员缺的是"对自己科技成果能不能转化、如何转化"的正确认识。概念验证对早期科技成果来说，重要且必要，通过提供种子资金、商业顾问、创业教育等支持，帮助科研人员对早期科技成果进行技术与商业化的验证。在这个过程中，不仅要快速淘汰暂时没有产业化前景的成果，找出可能有产业化前景但是需要进一步投入资金等资源去验证的成果，更重要的是让科研人员对科技成果、科技成果转化有正确的认识，也即有所谓的"科技成果转化"思维，这包括让科研人员对科技成果潜在的商业价值有所认识，对科技成果进一步熟化的重要性有清晰的认识，对科技成果如何更好地去转化有基本的认识等。科技成果转化的"最初一公里"不仅是科技成果层面，更是人的思维层面，概念验证让科研人员具备"科技成果转化"思维后，就好比给科技成果转化赋了动能，科技成果才有可能转化成功，甚至又好又快地实现转化。

总之，建设一个概念验证中心不难，把一个平台称为概念验证中心更是容易，难的是让这个叫"概念验证中心"的平台真正发挥概念验证的作用，成为真正有作用的概念验证中心。

## 二十、为什么发展科技成果转化也要因地制宜？

众所周知，科技是第一生产力，但是科技并不简单等于生产力。只有对具有实用价值的科技成果进行后续试验、开发、应用、推广直至形成新产品、新工艺、新材料，发展新产业，也就是所谓的科技成果转化，科技才能变成生产力。

为推动科技更好地转变为生产力，各地纷纷发力科技成果转化。有些地方想在前，也走在前，有的提出打造"概念验证之都"，有的提出打造"全国中试首选地"，有的提出打造"概念验证之都、小试中试天堂"，有的提出打造"国内一流成果转化平台"，有的提出打造"技术淘宝网"……事实上，它们中的一些也取得了不错的成效。

看到这些地方取得的成效，一些"后知后觉"的地方坐不住了。一时之间，会议开起、调研走起、规划做起，行动也是马上要干起！"5+2，白加黑"，一天也等不了。有的准备发力概念验证中心，有的准备发力中试基地，有的则准备发力科技成果转化平台……说真的，这肯定是好事，至少开始重视科技成果转化了，也不是嘴上重视，而是开始行动了。

但是问问为什么选择这么发力？如果答案是"科技成果转化很重要，别人已经在这方面发力，而且取得了好成效"之类的回答，就要警惕是不是跟风式发力。其实，跟风式发力并不鲜见。跟风式发展新型研发机构，跟风式建设实验室，跟风式成立产学研院所……熟悉的情节，在发力科技成果转化方面也一样。

不是概念验证中心不好，也不是中试基地不需要，更不是科技成果转化平台不重要，这些工作有些地方做得很好，不代表别的地方也适合，也能做好。我们只关注到了他们做好了这个结果，忽视了分析他们为什么能做好的各种原因，以及能做好的曲折过程。这个结果的原因可能有很多，也很复杂，曲折的过程可能比想象的还要漫长，还要曲折。科技成果转化肯定是需要花钱投入，而且是花很多钱投入，但是如果发错力，没有对过程有充分认识的发力，那真的是烧钱、打水漂式地花钱。

什么情况下需要大力发展概念验证？一般来说，这个地方高校和科研院所集聚，是科教大市或科教大省，大量来自高校和科研院所的早期成果需要验证；什么情况下需要大量建设中试平台？一般来说，这个地方大量科技成果产出，且很多科技成果成熟度有所欠缺，需要进一步熟化和中试；什么情况下需要举力建设科技成果转化平台？一般来说，这个地方科技成果供需活跃，或者科技成果对接不畅通，需要平台提升对接效率。

调研别只调研结果和成功的经验，也要调研过程，更要调研存在的问题。调研也别只盯着别人看，也要盯着镜子看看自己，认清自己，摸好家底。如果高校科研院所很少，就别盲目学别人大力建设概念验证中心；科技成果供和需都不活跃，也别盲目学别的地方举力建设科技成果转化平台。

做好科技成果转化，知彼重要，知己更重要。不知己，不正确分析自己的优劣势，乱挥拳很难打死科技成果转化这个"老师傅"。正确认识自身的优势和劣势，作出适合的科技成果转化发展决策很重要。发展新质生产力需要因地制宜，发展科技成果转化也要因地制宜。"因地"两个字包括的内容很多很多，创新情况、产业情况、人才情况、拟投入的财力情况、希望取得的预期效果……

# 第五部分

技术经理人的科技成果
转移转化实践案例

DIWUBUFEN

　　国内外大学技术转移办公室有什么异同？有了最好的技术创新，可为什么最终却没有取得预期的创新成效？如何推动一所高校的技术转移中心落地？面对地方要建相关平台、企业要签战略合作协议的"迫切"诉求时，高校该怎么办？科技成果转移转化付款方式和交易价格谈不拢，怎么办？如何建设一个概念验证中心？如何建设一个中试平台？高校、科研院所要如何做好产学研合作？本部分整理了20个技术经理人的科技成果转移转化实践案例。

# 一、一个多重身份的技术经理人

身边有这样一个技术经理人，他有四个身份：多个成果转移转化项目的服务方、若干个成果转移转化项目的股东、某大学的老师、某技术经理人协会的负责人。

（1）多个成果转移转化项目的服务方：作为技术经理人，他用他的专业能力，为多个成果转移转化项目提供服务，其中有些项目他还是相关企业的顾问或董事，这些项目按年给他提供服务费。他不是去赚取供需双方的"佣金"，而是利用所具备的从业知识、从业能力和从业资源，帮助各方把整个"蛋糕"做大，然后从增加的"蛋糕"中切割合理的一部分作为回报。

（2）若干个成果转移转化项目的股东：在服务成果转移转化项目的过程中，他服务的一些项目，在长期合作过程中，得到项目各方的信任，他就带上"嫁妆"，投入资源和资金加盟，成为成果转化项目的创始人、职业经理人，与"委托方"捆绑在一起，形成利益共同体、命运共同体。

（3）某大学的老师：作为大学老师，推动科技成果转移转化成为一种基于学术研究的实践，也是培养人才的一种手段，除此之外，还意外收获了成果转移转化各方对教师身份的一种天然信任。因此，他也可以更早地接触到最新的科技成果，让自己从学术研究的角度去思考科技成果转移转化的理论实践意义；同时在实践中，更有利于用一种"师带徒"的方式把自己的技能传递给学生。

（4）某技术经理人协会的负责人：科技成果转化是个复杂的系统工程，涉及要素多、环节多、周期长，想要做好，离不开团队，离不开资源整合。作为技术经理人协会的负责人，搭好平台，让更多的一线的技术经理人一起唱戏，对打造团队、拓展朋友圈、整合资源等都是多赢的。此外，技术经理人协会作为社会团体、公益组织，更有利于发挥作用，为行业发声，为行业争取更多的关注和政策支持。

用他自己的话说，多种身份的他，始终秉持长期主义、利他精神，慢慢打造自己服务的项目，这有点像上演帽子戏法的杂技演员，不仅手上有球、空中有球，心中更要有球，所以他可以用更耐心、更用心的心态，更长远、更大格局的目光去推动科技成果转移转化。

不少技术经理人纷纷发表了自己对这个多重身份技术经理人的看法和观点：是的，这也是为什么科技成果转移转化是一个很难全职去做的事情；这就是现实，干得好的不干这个，干这个的干得难堪；描述准确，但扮演四种身份所需要的经历、精力很难短期获得，如今急功近利者多；因为有多重身份，所以才能很从容地从事相关工作，而不急于从这件事中赚钱，如果大家鼓吹一个行业有前景，鼓励大家去从事，但是给出的现实案例却是干得好的不靠这个挣钱，这让所谓的从业者情何以堪；其实他做的、他谋生的，都是技术经理人的职责范畴，最初几年他应该也是很艰难的，战略决策的选择、职业路径的选择等，永远都是一样，选难而正确的路，最终把它良性化发展了；有底气不是一天练成的，没有什么正规的职业是可以躺着就把钱赚了的，"十年磨一剑"太正常了，科学家的技术都是坐十年的冷板凳才慢慢熬出来的，凭什么就交给短期培训持证的人来进行转化。

这个有多重身份的技术经理人值得学习，但就像很多技术经理人所认为的那样，这个经历短期之内很难获得。那么如何才可能让更多没有这个经历的技术经理人也能干好呢？

我们认为，可以从以下三个方面入手：一是变技术经理人培训为技术经理人培养，通过培养，让"拿证"的技术经理人成为"真证"的技术经理人；二是让培养好的技术经理人找到并加入好的组织，发挥团队和组织的力量；三是让技术经理人用上真正好用的工具和平台，借助工具和平台去开展科技成果转移转化工作。

当然这些想要做好其中一个都不容易。但是只要做好其中的一个，对科技成果转移转化行业和技术经理人这个群体来说意义就非常大。所以，这既是挑战，更是机遇。技术经理人的"囧"境，很可能是科技成果转移转化的机遇。

## 二、国内外大学技术转移办公室的四点差异

国外大学技术许可办公室与国内高校科技成果转化专门机构有何异同？以美国斯坦福大学的技术转移办公室（OTL）为例。OTL成立于1970年，负责斯坦福大学的发明评估、推广和许可等工作，为斯坦福大学创造收入，以反哺

研究和教育。迄今，OTL 模式已运行 50 多年，已成为美国大学技术转移的标准模式。

OTL 促成一项技术的许可大致可分为发明披露、经理分配、发明评估、专利申请、市场营销、许可谈判、监测进度、许可费分成、股权分享和修改许可方式等 10 个步骤。

（1）发明披露。发明人向 OTL 提交发明和技术公开表，介绍技术的情况和可以为社会提供的关键解决方案。OTL 会根据提交的信息，创建一份关于发明（描述性信息）、相关发明人、发起人及公开披露和出版物的记录。

（2）经理分配。收到披露信息后，OTL 会进行编号，并分配给特定的许可管理者（技术经理人）。该技术经理人负责今后相关的所有工作。

（3）发明评估。技术经理人与发明人会面，一起讨论并对可行性、专利性、新颖性、潜在应用和可能的市场进行初步评估。由于专利申请成本高昂（如申请美国的专利，每项申请的成本为 3 万 ~ 4.5 万美元），OTL 会根据评估情况，决定是否申请专利。如果这项发明值得商业化，将制定初步的许可策略。在这个阶段，发明人可以通过参与现有技术的检索来协助评估。OTL 还欢迎发明人提出许可的建议（如排他性与非排他性）。OTL 将根据发明的特点采取不同的许可策略。

（4）专利申请。OTL 不会就其收到的所有发明披露提交专利申请。在花钱去做专利保护之前，技术经理人必须考虑技术成功获得专利或许可的可能性。如果充分考虑后，认为确实有必要寻求专利保护，技术经理人将与发明人和专利律师或代理人合作准备专利申请。发明人的专业知识在专利申请和起诉过程中至关重要。专利代理人熟悉发明领域，但他们通常不是能让发明更具有创造性、新颖性和实用性等方面的专家。为此，发明人积极参与专利申请的过程非常重要，对于获得有意义的专利保护是必不可少的。专利律师将与发明人一起撰写和审查专利申请及对专利局的回复。律师还将询问披露中提到的人员对发明概念的贡献，以确定特定专利申请的正确发明人。

（5）市场营销。OTL 会积极推广技术。为了做好推广，OTL 会与发明人合作，准备一份非涉密的简介，通过 OTL 网站等渠道提供，并直接发送给潜在的目标公司。另外，OTL 鼓励发明人提出对其发明的技术和市场可行性的看法，以及与特定公司联系的线索。

（6）许可谈判。如果有公司对发明表现出兴趣，那么技术经理人将开始与潜在的被许可人进行许可谈判。OTL 特别强调，谈判需要双方的灵活性和创造性，以达成双方满意的协议。许可协议的条款将因具体技术、市场和公司而异。例如，初创公司通常无法支付大额的初始付款，但一旦产品上市，可以用公司股权或付款进行补偿。在这个阶段，发明人的作用是很有限的。由于斯坦福大学大多数发明的早期性质，只有 20% ～ 25% 的发明披露获得了许可。

（7）监测进度。签署许可协议是斯坦福大学和公司之间长期关系的开始。OTL 会跟进在许可有效期内被许可人的表现。通常，这是通过大多数许可协议要求的定期财务或开发报告来完成的。许可条款和公司的进度报告通常都被视为商业机密。

（8）许可费分成（现金）。所有许可费用由 OTL 收取。斯坦福大学财政年度结束后，根据斯坦福大学的政策将收到的现金许可费分配如下：扣除支持OTL 运营和报销任何直接费用（如未由被许可方支付的专利费用）后，净许可费分配发明人 1/3、发明人部门 1/3、学校 1/3。部门和学校的许可费必须仅用于研究或教育目的，并且是不受限制资金的重要额外来源。在多个发明人的情况下，OTL 将平分发明人的份额，除非所有发明人都同意不等份额的分配。多个技术作为一个投资组合获得许可的情况下，OTL 将尽可能合理地确定每项技术的相对价值（通常由被许可方提供投入），并在各种技术之间分配许可费。

（9）股权分享。OTL 有时接受股权代替现金作为许可费用的一部分。根据斯坦福大学的政策，这种股权也是共享的。OTL 获得 15% 后，股权由发明人（1/3）和 OTL 研究和奖学金基金（2/3）共享，该基金由副院长和研究院长管理。斯坦福大学的股权份额由斯坦福管理公司管理，直至清算。

（10）修改许可方式。随着技术、公司和市场的发展，通常有必要重新评估许可方式，以适应不断变化的环境。任何一方均可在协议有效期内的任何时候提出对协议进行修改，各方协商一致后执行。

OTL 强调，技术许可的宗旨在于让技术最有效地为社会所用，而不是为了OTL 或斯坦福大学本身获得技术商品化的最大收益。OTL 同时强调，虽然大学技术转移的目的是公共利益而非经济收益，但如果做好了科技成果转移转化，自然会获得极大的收益。科研成果如果不能及时地进入产业界、成为有价值的商品，就会很快失去其应有的价值。因此，OTL 衡量大学科技成果转化是否成功，主要是看技术是否被转移到了产业端，而不是技术转移的实际收益。

我们再来看看国内高校的科技成果转化专门机构。以 1 所知名高校、1 所985 高校和 1 所 211 高校的技术转移办公室为例进行分析。

某知名大学技术转移办公室定位：跨界引领创新创业生态，营造创新创业氛围，运营自主知识产权，孵化早期技术和初创企业，促进创新创业的实践教育，扩大创新创业对产业和经济的影响力，践行学校使命，做出时代贡献。

某 985 大学技术转移中心定位：为学校科技成果转移转化活动提供全链条、专业化、综合性的技术转移服务；服务区域经济发展，推动创新链和产业链深度融合，有力支撑产业基础高级化、产业链现代化；助力学校"双一流"建设，积极开展国际技术转移，努力促进教育、科技、产业国际交流与合作；负责学校技术转移队伍建设；整合各类资源，牵头组织技术经理人培养培训工作，构建学校技术转移专业化人才培养体系。

某 211 大学技术转移中心工作职责：负责学校知识产权管理工作，知识产权预申请、取得、维持和变更或许可程序管理、费用管理和档案管理；负责学校科技成果管理及转化工作；负责有重大发展前景项目的评估与投资建设工作；负责学校与地方政府共建研究院（平台）的筹建与管理；负责学校科研成果与知识产权信息系统的建设、维护、发布和管理；负责学校知识产权与科技成果管理相关政策的研究、制定、发布、解释、实施与监督；负责学校地方研究院的政策制定与研究院管理工作。

从以上的介绍，我们可以发现，不管是国外大学的技术许可办公室，还是国内高校的科技成果转化专门机构，它们都是由高校成立的、专门服务于高校科技成果转移转化工作的机构。但是相比共同点，两者的不同点更多，主要体现如下：

（1）转化方式不同。国外大学技术许可办公室更多的是希望把大学的发明许可出去，以收取发明许可费，转让和自己成立企业并不是优先选择；国内科技成果转化专门机构在过去相当长一段时间内，把服务科研人员创业和履行国有资产管理职责作为最重要的工作之一，转让和许可工作并不是特别多，也不是高校科技成果转化的优先方案。

（2）工作内容不同。国外大学技术许可办公室工作更单纯，就是负责大学的发明评估、推广和许可等工作，其中收到大学科研人员的发明披露后，进行发明评估是最重要的工作之一；国内高校科技成果转化专门机构负责的工作更"多样化"，甚至还包括地方共建平台管理的职能，看似无所不能，实则有些工作是"不务正业"。

（3）工作性质不同。国外大学技术许可办公室创新性工作多，涉及发明评估、推广、许可等工作，更多的是创新管理；国内科技成果转化专门机构事务性工作多，程序性和流程性的工作更多，更多的是日常服务。

（4）人员要求不同。国外大学技术许可办公室对人员的要求比较高，通常需要拥有高科技专业背景和商业经验，并在实践中积累了对发明的技术潜力和商业价值做出判断的能力，此外还要求团队人员能力互补；国内科技成果转化专门机构对人员的要求也高，但对学历的要求多于对能力和实践的要求，人员之间更多的是单打独斗。

当然也有专家认为，与其说是国内外科技成果转化机构是定位、侧重点等方面的不同，还不如说是阶段的不同。国内一些新成立高校的科技成果转化专门办公室，就基本向国外"看齐"了。比如：国内新成立的某知名大学的科技成果转化办公室，一个重要的工作就是在科研项目立项之初，就开始进行筛选和跟踪，接着从技术保护、政策咨询、法务服务、融资建议和团队搭建等方面提供全程支持，加速推动大学技术的产业化。

## 三、两个科技成果转移转化奖励案例的探讨与解析

某高校为了成立一家学校层面的平台公司，向科研人员征集了一批相关专利，经评估后出资到平台公司。该校认为新成立的公司是平台型的，专利只是作为出资的载体，所以要求专利涉及的所有科研人员自己放弃相关股权奖励。某科研院所的一批专利许可给某企业，该企业利用相关专利生产的部分产品又卖回该科研院所。该科研院所的领导认为这种许可不能算科技成果转移转化，因此不打算给相关人员奖励。这两个案例，虽然一个是高校一个

是科研院所，但都涉及同样一个问题：科技成果转移转化能不能不对相关人员进行奖励？

《促进科技成果转化法》（2015年修订）第四十四条指出："职务科技成果转化后，由科技成果完成单位对完成、转化该项科技成果做出重要贡献的人员给予奖励和报酬。科技成果完成单位可以规定或者与科技人员约定奖励和报酬的方式、数额和时限。单位制定相关规定，应当充分听取本单位科技人员的意见，并在本单位公开相关规定。"

第四十五条指出："科技成果完成单位未规定、也未与科技人员约定奖励和报酬的方式和数额的，按照下列标准对完成、转化职务科技成果做出重要贡献的人员给予奖励和报酬：（一）将该项职务科技成果转让、许可给他人实施的，从该项科技成果转让净收入或者许可净收入中提取不低于百分之五十的比例；（二）利用该项职务科技成果作价投资的，从该项科技成果形成的股份或者出资比例中提取不低于百分之五十的比例；（三）将该项职务科技成果自行实施或者与他人合作实施的，应当在实施转化成功投产后连续三至五年，每年从实施该项科技成果的营业利润中提取不低于百分之五的比例。国家设立的研究开发机构、高等院校规定或者与科技人员约定奖励和报酬的方式和数额应当符合前款第一项至第三项规定的标准。"

我们认为，《促进科技成果转化法》（2015年修订）明确了"科技成果完成单位对完成、转化该项科技成果做出重要贡献的人员给予奖励和报酬"是责任，相关人员被奖励是权利，不是科技成果完成单位不想奖励就可以不奖励的。当然，相关人员可以自己主动放弃奖励，但科技成果完成单位不能自行决定不对相关人员进行奖励，或者劝说甚至要求相关人员放弃奖励。

案例一的高校因为要利用无形资产出资成立平台公司，"找了一批相关专利，又要求专利涉及的科研人员放弃奖励"，我们认为，这样的做法可能会涉及两个问题，一是虚假出资或出资不实，二是剥夺了相关人员被奖励的权利。在实际转化过程中，单位与职务科技成果完成人之间的奖励报酬纠纷并不少见。

案例二的科研院所因为"专利许可给该企业，该企业利用相关专利生产的部分产品又卖回该科研院所"就拒绝奖励相关人员的做法并不合适。我们认为，专利许可是科技成果转化的重要方式之一，不管许可给了谁，实现转化了，就应该对相关人员进行奖励。另外，与其纠结要不要奖励，更要关注"部分产品再卖回该科研院所"的合理性和合规性问题，如有没有涉及关联交易，有没有进行论证及公开采购等程序。

当然，需要强调的是，科技成果转移转化的奖励合法合规合理非常重要。《促进科技成果转化法》（2015 年修订）要求"科技成果完成单位可以规定或者与科技人员约定奖励和报酬的方式、数额和时限。单位制定相关规定，应当充分听取本单位科技人员的意见，并在本单位公开相关规定"。

《关于科技人员取得职务科技成果转化现金奖励有关个人所得税政策的通知》（财税〔2018〕58 号）明确，科技人员享受本通知规定税收优惠政策，须符合"科技人员是指非营利性科研机构和高校中对完成或转化职务科技成果作出重要贡献的人员。非营利性科研机构和高校应按规定公示有关科技人员名单及相关信息（国防专利转化除外），具体公示办法由科技部会同财政部、税务总局制定"。

《科技部 财政部 税务总局关于科技人员取得职务科技成果转化现金奖励信息公示办法的通知》（国科发政〔2018〕103 号）明确，科技成果完成单位要结合本单位科技成果转化工作实际，健全完善内控制度，明确公示工作的负责机构，制定公示办法，对公示内容、公示方式、公示范围、公示时限和公示异议处理程序等事项作出明确规定。公示信息应当包含科技成果转化信息、奖励人员信息、现金奖励信息、技术合同登记信息、公示期限等内容。公示期限不得低于 15 个工作日。公示范围应当覆盖科技成果完成单位，并保证单位内的员工能够以便捷的方式获取公示信息。公示信息应真实、准确。

总之，科技成果转移转化应按照有关规定对相关人员进行奖励，奖励要合法合规合理。

## 四、一项技术秘密成功转化的一波三折历程和七点启示

某高校有一项新材料的科技成果，成果形式是技术秘密，成果处于实验室小试阶段。一家民营企业了解到这项成果，有意出资和高校团队共同来转化该项成果。

（1）成果转化方式选择和价格确定。

《促进科技成果转化法》（2015 年修订）指出科技成果转化主要包括六种方式：自行投资实施转化；向他人转让科技成果；许可他人使用科技成果；以科技成果作为合作条件，与他人共同实施转化；以该科技成果作价投资，折算股份或者出资比例；其他协商确定的方式。

对于这项由技术秘密组成且处于实验室小试阶段的成果，意向买方最希望的转化方式就是高校"以该科技成果作价投资，折算股份或者出资比例"。

但是高校方表示，除非极其重大的科技成果转化才考虑高校作为股东参与，否则只能选择许可或者转让等方式来转化。

买卖双方因为转化方式意见不一致，谈判一度停滞。高校方提出"一次性独家许可费 + 后续销售提成 + 许可到期后同等条件下优先转让"的技术秘密独家许可方案，但是买方还是希望高校或至少科研团队要成为公司股东参与科技成果的转化。

鉴于此，高校方提出科技成果赋权方案，即把该成果 70%（该高校的成果转化规定是 70% 奖励团队）赋权给科研团队，然后采用"高校 30% 所有权一次性现金转让 + 团队 70% 所有权作价投资"混合型方式进行转化。但是，因为买方考虑成果的形式为技术秘密，虽然经第三方评估，但是在做工商登记时，可能存在不予认可的风险，再加上一些其他的原因，最终双方没有采取该方式进行转化。

最终经过双方协商一致，采取的方式如下：双方委托第三方对技术秘密进行评估，在参考评估价的基础上，双方通过协议定价的方式确定价格，并经公示后，高校把技术秘密（包括后续技术秘密的专利申请权）一次性现金转让给买方；高校按照学校的有关规定把 70% 的转让现金奖励给科研团队；科研团队和买方协商一致，奖励的现金在扣完必要的税费之后（除了可以享受个税减半征收的优惠政策外，团队不少科研人员还有一些相应的免税政策，所以实际需要缴纳的税费没有想象的那么高），剩余的全部奖励现金出资到买方与科研团队合资成立的新公司中。

（2）合同谈判和签约。

合作方式确定后，双方就合同的有关细节又展开了多轮的谈判。

买方提出，技术目前处于实验室小试阶段，高校方也要适当承担未来的转化风险，所以合同中要求保证中试成功或者至少要取得预期的成效，否则高校需要承担相应的转让费用退款责任。

对此，高校方表示，买方现在的价格买的是现在的技术，如果中试成功之后，就不是这个价格了，所以没有办法对中试的结果负责。当然，高校方也坦诚，小试到中试确实还有很长的路要走，对技术未来中试可能的风险甚至失败也毫不隐瞒。

但是，高校方也提出转让合同中可以明确，如果转让的现有技术没有达到合同中标明的相应技术指标，也就是存在技术不实不符，或者在转让后，高校方没有积极做好技术秘密的移交和必要培训，或者没有做好技术秘密的保密工作，或者把技术秘密再转让给第三方等情况，愿意承担相应的违约责任。

另外，高校方也表示，为了支持技术转让后的中试工作，愿意在转让合同中明确，支持科研团队在新成立的企业中兼职，支持企业与高校后续开展有偿的产学研合作，持续为技术中试提供支撑，同时高校承诺在相关领域形成的新技术同等条件下可以优先转让给该企业。

高校方的专业、坦诚和诚意得到了企业的认可，双方就签订技术秘密一次性转让协议达成了一致意见。

但是临近双方约定的签约时间，买方几次提出希望推迟签约时间。经高校方了解，买方正在就合作中试和第三方公司谈判，并因为一些分歧，谈判陷入了僵持阶段。买方进一步强调，只要中试协议谈妥就马上签约。

高校方对此不仅没有抱怨，还提出愿意为买方和第三方公司中试合同的谈判提供必要的支持。买方感受到了高校方的诚意，把中试谈判碰到的问题毫无保留地告诉了高校方。高校方组织了包括科研人员、管理人员、商务和律师等在内的团队，专题研究并提出了建议方案。

旁观者清，买方和第三方公司最终接受了高校方的建议，达成了共同中试的合作意向协议。高校方和买方也随即签订了技术秘密一次性转让的协议。在协议签订的第二天，买方就一次性把千万元的技术秘密转让费用打到高校的账户。

（3）案例的七点启示如下：

一是科技成果转移转化方式没有最好的方式，也没有固定标准的方式，需要根据转移转化的成果情况、买卖双方情况等设计适合的转移转化方式。

二是科技成果转移转化过程会碰到很多问题，但是办法总是比困难多，多想多找，有时换个思路，困难就能迎刃而解。

三是涉及高校科研院所的科技成果转移转化，程序合规非常重要，有时看似环节多余、没必要，实则多做未必完全无益。

四是涉及科技成果转移转化的谈判，往往都不是一次能完成的，各方有分歧是正常的，需要在坚持底线的前提下，秉持互利思维，适当进行让步。

五是科技成果转移转化具有很高的风险性，谈判时要既专业又坦诚，不去避讳更不去隐瞒可能存在的风险，往往更有助于促成最终的合作。

六是科技成果转让方对成果转让后要负责任而不是做"甩手掌柜"，并提出切实可行的持续提供支持的方案，即使这种方案是有偿的、附带条件的，也很有助于提高受让方购买的信心和决心。

七是这项技术秘密能转化成功，技术本身很重要，高校方的专业、坦诚和诚意也很重要。但其实更重要的却是理性的科研团队和理性的买方。他们的任何一方稍微"任性"一点，转化就无法成功。所以，人是科技成果转移转化最重要的因素，没有之一。

## 五、某高校科研管理部门和科研人员的一次"争执"

一位在某高校从事科技成果转移转化的技术经理人表示，目前该校正在处理一项合同金额近千万元的科技成果转移转化。该项成果的转化谈判前期是由该校的科研人员自己和企业谈判的，高校科研管理部门没有参与。到了需要走学校的审批和盖章流程时，高校科研管理部门才知晓并发现了合作合同中存在的一些问题。

科研人员很无奈，表示这个合作他前前后后亲力亲为谈判了近一年，经过反反复复协商才和企业达成了一致意见。现在只差临门一脚，学校却提出合作存在问题，要做大调整，企业合作方很可能会认为科技成果本身有问题，甚至认为学校出尔反尔，恐怕会把来之不易的合作搞砸了。

学校科研管理部门则表示，科研人员应该在合作前期就告知管理部门，让管理部门提前介入，相信有了管理人员专业的参与就不会有现在的问题。而不是科研人员代表学校自己和企业谈判，等到协商一致，拿着企业盖好章的合同来"逼宫"。科研管理部门进一步强调，科研人员的科技成果是职务成果，处置上要符合相关规定，如果在流程上有瑕疵的话，后面是经不起检查的。

科研人员很生气，说科研管理部门不作为也就算了，他好不容易促成自己的成果实现近千万元的转化，对学校和管理部门来说都是业绩，不鼓励不给予肯定也就算了，还故意为难。说到着急的时候，科研人员甚至气愤地说，学校科研管理部门这是阻碍科技进步，有违《促进科技成果转化法》的有关规定，扬言不给签，就要告到上级科技部门。一时之间科研管理部门和科研人员争执不下。

经过进一步了解，这个合作存在的问题主要是：科研人员和企业谈判的合同实际上是"若干个专利转让＋提供相关的技术服务"的混合合同。学校科研管理部门认为，专利转让和技术服务属于两个不同性质的科研活动，要拆成两份合同，并要明确专利转让和技术服务各自的金额，而不是含糊地放在一起，全部都当作科技成果的转化。

在清晰地了解了事情的经过后，我们有以下四点建议：

（1）高校、科研院所、医疗卫生机构从事科技成果转移转化，确实会经常碰到这种"科研人员自己谈判、科研管理部门事后才知晓"的情况。科研人员给出的理由就是，前面他也不知道能不能谈成，后面谈着谈着发现也不需要科研管理部门的介入；但是要走审批盖章流程时，科研管理部门会发现一些和职务成果处置规定有一定违背的地方，因此不给审批。出现这种情况，问题不全出在科研人员身上，科研管理部门对单位内管理规定和流程宣传不到位、科研服务不到位等也都是重要原因（当然也有少数科研人员知道规定和流程，因为各种原因故意为之的情况也不少见）。建议学校加强宣传，要求科研人员在转化前期就主动找到学校，学校科研管理部门也要提升自己的专业能力，同时也应该完善科技成果转移转化体系，通过成立科技成果转移转化服务机构、购买第三方科技服务机构的服务等方式，面向学校去挖掘科技成果，并为科技成果的转化提供一定的资源，积极促成有转化前景的科技成果尽快实现转移转化。

（2）客观地说，科研人员自己去谈判，最终能促成一个近千万元的合作，真的是特别不容易。所以，作为科研管理部门来说，首先还是要给予理解并肯定。另外，科研管理部门不管有没有参与，最终这样一个千万元级别的科技成果转移转化合同，如果在没有太大政策风险的前提下能够签下来，不仅对科研人员有好处，对学校有好处，对科研管理部门来说也是很有好处的。另外，科研管理部门也别太高估自己的能力，前期就参与进去就一定能够做得更好吗？真不见得，如果自身专业能力不足、不够，说不定连谈都谈不下去。但这也不是科研人员前期刻意隐瞒、事后"先斩后奏"的理由。

（3）对于这个合作其实已经处于一个比较好的阶段，可以说就差协议的签订了。既然前期科研人员都基本谈好了，科研管理部门要做的事情只有一个，就是想方设法把合同顺利签下来，当然一个非常大的前提条件就是职务成果处置的一些红线不能碰。所以，科研管理部门要帮学校和科研人员，更是帮自己，把合作的一些隐患排除掉，把缺失的环节完善好。就本案例来说，专利转让合同和技术服务合同，我们认为不一定要硬性拆成两个协议，但确实需要明确各自的金额，因为很多高校对专利处置和横向合同签订的流程和奖励方式是不一样的。

（4）最后建议，科研管理部门对促成这项合作的强烈期望值要明明确确、一而再再而三地表达给科研人员，甚至是给合作企业。科研管理部门的出发点和最终目的，就是为了不留隐患，甚至可以说尽量不留大隐患地尽快签订合作协议。但是为了排除隐患，有些改动虽然麻烦，有些环节虽然烦琐，但不得不做，不得不走，也需要科研人员和企业的理解和支持。

## 六、签订需要分期付款转让合同的一些建议

一位来自科研院所的技术经理人表示，他们科研院所近期要和一家企业就一项专利的转化签订合作协议，合同中有关费用及支付方式的内容如下：合同签订且专利转让备案成功后 30 日内，甲方支付 3 万元；专利转让 2 年内，双方专利技术合作成功开发产品样机后，支付 17 万元；开发产品实现销售且盈利后的第 1 年，支付 30 万元，第 2 ~ 5 年，每年支付 50 万元，第 5 年支付

100 万元。

该技术经理人觉得，这个专利价值实际上就是 3 万元，后续费用的支付都是有条件的，而且后期费用有比较大的概率拿不到。另外，据他说，科研人员和合作企业，都坚持要把这个合同的转让总额写成 300 万元。他问，一个 3 万元的专利转让合同就这样"变"成了 300 万元的成果转化合同，有没有问题？能不能签？需要注意什么？

众所周知，科技成果定价是科技成果转移转化很重要的一环，科技成果持有方出价过高或需求方出价过低，都会影响供需双方的成交。另外，通常一项科技成果的成交都不是"一锤子买卖"，后续在一定时间内还是需要买卖双方共同推动专利转化成产品。所以，科技成果即使成交了，如果成交价过高，需求方的预期收益过低，感觉吃亏或不合算，会影响需求方的积极性；反之，如果成交价过低，科技成果持有方认为科技成果被贱卖，也会影响持有方的积极性。无论哪种情况出现，都会在较大程度上影响科技成果的顺利转化。为降低这种风险，一个有效的措施就是"化整为零"，采取"入门费＋提成费"的定价与支付方式。

我们认为，上述合同条款是典型的"入门费＋提成费"的定价与支付方式，可在一定程度上化解双方的成交风险，将双方的利益及应承担的义务紧紧捆绑在一起。这种方式在高校、科研院所、医疗卫生机构科技成果转移转化的过程中被普遍采用。所以，如果单从定价与支付方式来看，这个合同并没有问题，也不能简单地认为，一个 3 万元的专利转让合同就"摇身一变"成了 300 万元的成果转化合同。

但是细看入门费和提成费的金额对比、后续费用支付的金额和触发条件等，还是有一定的不合理性。具体包括：入门费只占合同总额的 1%，明显太低；后续支付的金额与产品销售额没有明显的关联，如开始销售并形成盈利，但是企业赚的钱比要支付的费用还少，企业是否还会愿意支付；触发条件存在一定卖方的"信息不对称"，比如合同约定的"开发产品实现销售且盈利后的第一年"，盈利不盈利，如果买方故意隐瞒，或者在账目上做些文章，不按合同约定支付提成费，卖方可能会"吃哑巴亏"。

现在高校、科研院所、医疗卫生机构科技成果转移转化合同的执行情况也是巡视审计的重点，这样金额比较大、经费到位率很低的合同，通常都会被重点关注。为此，我们建议：一是适当提高入门费；二是后期提成费用可以和产品销售额（不要选择净利润）关联，占销售额的一定比例；三是合作期间，明确买方需要定期（如每半年）提供经企业盖章确认的科技成果实施情况报告；四是设定较重的违约条款，提高违约成本。

另外，入门费到位3万元的合同，科研人员和企业要坚持对外宣称"专利转化金额300万元"，多少有点"夸大"的嫌疑。害人之心不可有，防人之心不可无，我们也提醒该科研院所要特别注意品牌保护的问题，在合同中要有相应的条款，切不可为了"3万元的到位、300万元的大饼"就把高校、科研院所、医疗卫生机构无价的品牌给贱卖了。

## 七、一个成果转移转化案例的六点启示和三方面思考

2024年7月，某知名高校与某公司签署科技成果转移转化合作协议，该合作由企业出资近亿元对该高校的这项科技成果进行产业转化。认真分析案例，该合作有以下六方面启示：

（1）本案例科技成果的定价流程如下：高校先委托第三方进行了评估，以评估价作为协议定价的参考，最终通过协议定价确定了成交价格，且成交价格高于评估价，最后进行了公示。其实这样的定价过程，并不是特例，很多高校、科研院所、医疗卫生机构的科技成果定价采用的都是类似的流程。涉及高校、科研院所、医疗卫生机构的科技成果转移转化，程序合规非常重要，有时看似环节多余、没必要，实则多做未必完全无益。

（2）团队非常重视知识产权的布局，团队负责人先后两次获国家技术发明奖，说明相关知识产权的含金量很高，而且在产业上已经有了较好的应用。本案例的科技成果由发明专利和软件著作权共近百项组成，其中最早的知识产权授权于2010年前后，是一系列科技成果形成的"技术包"，这也是企业为何愿意出资近亿元进行转化的重要原因之一。这告诉我们一个道理，高价值知识产权需要布局，而单一的、不注重质量的、不是以转化为目的申请的知识产权，通常是很难卖出好价格的。

（3）该科技成果所属的领域是该高校的优势学科。该高校的这个团队长期从事相关领域的研究，团队负责人在相关领域科研水平非常高，相关成果多次获奖，其中三次获国家奖。科技创新是高校科技成果转移转化的基础、前提和源头活水。没有高校的强大科研实力作为支撑，就没有高质量的科技成果，更不可能有科技成果转移转化的好成效。

（4）合作企业系国家级高新技术企业，先后荣获国家级专精特新"小巨人"企业、国家级两化深度融合示范企业、省制造业单项冠军企业等荣誉称号，公司在相关领域具有较强的实力，具备将技术做成产品并大批量生产、进行企业化运营等的能力。这也是我们所说的，一项好的科技成果，最终要转化出好成效，好的承接企业非常重要。

（5）该公司和该高校并不是第一次合作。据该公司网站介绍，其与该高校曾经在其他相关领域有合作，而且取得了较好的合作成效，相关成果在相关领域具备较为广阔的应用前景。简单一句话，就是该企业已经从与该高校的产学研合作中尝到了甜头，用其相关负责人的话说，那就是"校企合作可以弥补企业在技术研发上的不足，使企业获得原始技术积累，加快产品产业化进程，使产品从0到1再到N"。高校、科研院所、医疗卫生机构和企业基于长期产学研合作关系，求同存异、持续投入、稳定合作和相互成就，为合作双方带来的回报也将是巨大的。国内外很多高校、科研院所、医疗卫生机构和企业产学研合作成功的典范都很好地印证了这一点。

（6）很多高校、科研院所、医疗卫生机构和企业合同金额大的科技成果转移转化合作，都有一个特点，就是彼此知根知底，而且往往都在同一个省份，甚至一个城市，合作也绝对不会是"一锤子买卖"。信息时代，距离看似不是问题，其实对科技成果转移转化却是最大的问题之一，可能有几个原因：一是信任是科技成果转移转化最重要的因素之一；二是重大科技成果的转移转化离不开政府部门的关注和推动，行政力很可能是决定性因素；三是团队科技成果的研发需要数十年，科技成果转移转化也不是"一锤子买卖"，转化过程仍有漫漫长路需要走，这离不开高校、科研院所、医疗卫生机构和企业双方的通力合作。

这个案例除了上述的六方面启示外，还有以下三方面的思考：

（1）成交价为什么高于评估价？成交价能不能远高于评估价？成交价能不能低于评估价？为什么在很多其他科技成果转化案例中，最终成交价会几乎正好等于评估价？怎么做到的？

（2）从相关报道可以看到类似"由企业出资近亿元对该高校的这项科技成果进行产业转化"这样的描述，很明确的是这个合作不是简单的一次性转让合作，也不是简单的作价投资合作，相关费用也不是一次性支付，那到底是什么样的合作？是"入门费 + 合作转化 + 提成"吗？

（3）这个案例涉及的知识产权近百项，高校研发团队在这个领域的绝大部分知识产权应该都成为了合作的标的。我们分析过，高校、科研院所、医疗卫生机构的科技成果经常是十年磨不出一剑，辛辛苦苦"磨"出来的科技成果，最后要变成现实生产力，就需要转化好。而科技成果转化其实比嫁人还难，更需要谨慎，因为科技成果一旦"嫁错郎"，再次"嫁人"的可能性几乎为零。那么，是什么样的承接企业、什么样的合作条件，让团队下定了决心？或者合作中是否还带有其他的"后悔"性条款？

一个好的科技成果不仅要转移好，还要在未来转化出好成效，需要好的科技成果转移转化模式，这离不开专业的科技成果转移转化机构和技术经理人队伍的深度参与。

## 八、应对地方建平台企业签战略协议诉求的三点建议

有来自高校的技术经理人介绍，他们学校是一个偏工科的大学，他们经常要和地方政府、企业打交道。但是不少地方政府动不动就希望高校在当地"落地"建设一个研究院，或者科研团队在当地创办企业。还有不少企业，实实在在的横向合作项目不肯签，只热衷于与高校签订联合申报项目协议或者战略合作协议。

他总是苦口婆心地和地方政府说，高校异地研究院因为定位不清、缺乏自身造血能力和没有成熟的投入机制等问题，通常很难做好，没有达到预期的案例比比皆是，甚至最后"一地鸡毛"的也不鲜见。

他也非常认同，和企业合作要多从具体项目着手，帮助企业解决实实在在

的需求，少去签订框架合作协议，不要一开始就探索与企业的机制合作甚至平台的合作。他也诚心诚意地和企业表示，务实的机制和平台合作需要在多个具体项目合作的基础上构建，缺少具体项目为抓手，机制和平台的合作很难落到实处，希望先从具体的项目着手。

但是不管他自己多么苦口婆心，多么诚心诚意，地方政府还是要建平台、落地企业，企业还是希望签订联合申报项目协议或者战略合作协议。他有点搞不明白了，地方政府和企业是真不懂，还是假不懂？要是真不懂，也不至于，那么多血淋淋的案例就摆在面前、发生在身边，甚至有些案例他们既是亲历者也是受害者；要是假不懂，那为什么明明知道，还要"飞蛾扑火"？

最后没有办法，他就告诉地方政府，该高校规定不能随便建平台和落地企业。地方政府一听就更不高兴了，什么叫随便？我们是很认真的，我们愿意投入资源。为什么某某高校可以，你们不行？是不是你们没有合作的诚意？

他告诉企业，该高校规定不能与企业签订没有实际内容的战略合作协议。企业听了也很不高兴：我们诚心诚意与你们合作，希望推动双方的全面的科技合作、战略合作，你们是不是看不起我们企业？故意找借口？

高校面对地方政府要建平台、企业要签战略合作协议的诉求，怎么办？我们提以下三点建议：

一是不要一开始就说"建平台、落地企业，签联合申报项目协议或者战略合作协议"不行、不能，要说的是：什么情况下能和行，什么情况下不能和不行，为什么不能不行，行和不行、能和不能都是相对的。

二是在现阶段不能不行或者时机不成熟的情况下，要提出其他替代的合作方式，如机制合作、具体项目合作、人才合作和仪器平台开放共享等合作。

三是为了下一步的能和行，更为了建设的平台、落地的企业和战略合作协议管理好、成长好，切实为地方和企业发展提供支撑，建议要做好哪些工作，先要做好哪些工作。

当然，对于一些已落地但是建设不理想的平台或企业，或者已签订但是落实不好的战略合作协议，有没有什么思路或办法或机制，让它们发挥作用？客观地说，很难。这不单单是机制的问题，先天就不足，再到了奄奄一息的时候，想要"起死回生"，难度非常大。

如果把建平台比喻成生孩子，孩子生了，如何养好才是关键。不要只顾生，不管后面养。这也是为什么我们一再强调，落地平台或落地企业的合作，在开始就要基本"想好、想清楚、出生好"才有可能发展好的重要性。

## 九、解决付款方式和交易价格谈不拢的四点建议

有来自某科技成果转移转化机构的负责人表示，某高校的科研团队有几项与材料相关的核心专利，通过他们的牵线搭桥，和本地的某上市公司达成了合作意向。合作内容主要包括两个方面：一是企业通过横向项目的方式，委托高校科研团队在现有技术专利基础上做进一步研发；二是企业和高校科研团队共同把实验室的样品转化成产品，面向市场推广。双方的合作意愿都比较强烈，但是双方在科技成果转移转化收益如何共享上却存在分歧。企业希望以"横向经费＋产品销售毛利率10%提成"的方式合作，高校科研团队认为这样的方式收益不确定性大，希望以"固定收益＋较低毛利率提成"的方式合作。

作为第三方要促进双方合作，应如何去设计相关的合作模式，如何保障科研团队的收益，并规避潜在的合作风险？

首先，需要明确的是，"产品销售毛利率"的收益方式，对科技成果卖方来说，确实存在较大的风险性和不确定性，主要体现在两个方面：一是企业对销售毛利率的测算存在较大的"主动权"；二是高校、科研院所、医疗卫生机构作为科技成果卖方通常很难了解并获取企业的相关财务报表。但是，本案例中高校合作的对象是上市公司，上市公司的财务情况定期会公布，接受有关部门和公众的监督，会好很多。当然，即便合作对象是上市公司，我们也建议高校、科研院所和公司签订这种"产品销售毛利率"收益方式的协议时，至少一方面要明确在合作期间公司有义务定期向高校、科研院所提供经公司盖章确认的产品销售情况报表；另一方面要设置比较高的违约责任。这种有盖章的报表，无形之中也是一个威慑，越是大的企业，特别是上市公司，一般来说是不敢造假的。

其次，科研团队希望收益明确，收益看得到、摸得着、感觉得到，企业希望风险共担，前期不愿意给很多的钱，这都无可厚非。本案例中的科研团队提出的"固定收益＋较低毛利率提成"和企业提出的"横向经费＋产品销售毛利

率 10% 提成"两种方式并不是完全矛盾的两个方案，甚至本质上是同一个方案。横向经费结余在很多高校、科研院所、医疗卫生机构都可以当作科技成果转移转化收入进行提成奖励，从某种意义上说也属于固定收益。所以，本案例中核心的问题不是有没有固定收益，而是有多少固定收益的问题。我们认为，从科研团队的角度来说，只要企业给的横向经费够多，完全可以接受"横向经费＋以产品销售毛利率 10%"的方式。

接着，就是关于固定收益如何定价的问题。客观地说，高校、科研院所、医疗卫生机构和企业在科技成果定价方面肯定是存在一定的分歧的，高校、科研院所、医疗卫生机构肯定希望定价越高越好，企业肯定希望定价越低越好。这时候作为第三方就可以发挥作用，去帮助双方确定一个都能接受的价格。在这当中，买卖双方都可能需要做一定的让步，哪一方让步多，就要看哪方的合作需求更迫切一些。

最后，实际上合同条款也不是非此即彼。合同条款设计的时候，也可以包含多种情况，哪怕是看起来矛盾的条款，只要对矛盾的条款分别加上触发的条件即可。以本案例为例，科研团队希望有一个相对固定的收益，可以在合同中约定，如果几年下来销售额毛利率的提成太少，或者企业因为自身原因最终放弃产品销售，企业应该给予科研团队一定的保底收益，实际上就实现了科研团队所要求的"固定收益＋较低毛利率提成"的收益方式；另外，企业为了激励科研团队，销售额毛利率的提成也可以是"阶梯式"的，比如销售额达到某个数额后，给予科研团队一定的额外奖励。总之，这种带一定条件的付款设计，可以较大程度上调和买卖双方在付款方式和价格上的分歧，当然一定要注意条件的清晰性和可检查性，避免合同执行过程中引发争议。

## 十、科研人员合规利用职务成果成立公司的四种途径

一位科技成果转移转化机构的负责人介绍，他们在服务某高校一项技术秘密转移转化过程中碰到了一些问题。该高校这项技术秘密的发明人希望通过成立公司的方式推动技术秘密的转移转化。该科技成果转移转化机构首先考虑通过作价或赋权的方式来实现，但是进一步了解后知道，该高校目前以"作价不

允许、赋权没有操作过"为理由，暂时只接受科技成果转让或许可这两种转移转化方式。

而对于转让，科研人员担心费用太高；对于许可，科研人员担心未来不利于公司融资。于是，科研人员想先自己成立一家公司，然后通过签一个横向课题委托开发的方式，把技术秘密转移到公司，再在公司进行转化。另外，科研人员一来担心关联交易，操作起来很麻烦；二来自己暂时不想让其他人知道他成立公司，所以他想找人代持股权，并负责公司的运营工作。

这个操作路径合规吗？未来会不会有什么风险？如果有风险，有没有更好的操作方式？

转让和许可现在越来越成为很多高校、科研院所、医疗卫生机构科技成果转移转化优先或者主要选择的方式。高校、科研院所、医疗卫生机构对"科技成果作价成立公司，并长期持有转化公司股权"的做法越来越"谨慎"，这既是上级部门的要求，也是高校、科研院所、医疗卫生机构近年来科技成果转移转化的经验教训使然。在这种情况下，科技成果赋权的做法被很多高校和科研院所"灵活"采用。但是，赋权这种模式在全国范围内都还是探索阶段，所以不少高校、科研院所、医疗卫生机构还是希望再"观望"一下。

为此，很多高校、科研院所、医疗卫生机构就只接受转让或许可的科技成果转移转化方式。但是，众所周知，高校、科研院所、医疗卫生机构的科技成果通常成熟度有所欠缺，科技成果要想变成生产力，还有漫漫的转化之路需要走，这离不开高校、科研院所、医疗卫生机构的支持，更离不开科研人员的持续参与。而纯粹的转让或许可的方式，高校、科研院所、医疗卫生机构不持股，科研人员也不持股，成果购买方通常很难把高校、科研院所、医疗卫生机构和科研人员"绑"在科技成果转移转化的"同一条船"上，在有意向购买科技成果时就很容易"犹豫不决"，甚至因为需要独自面临较大的转移转化风险而最终放弃购买。

那要如何解决呢？其实说来也不难，就是高校、科研院所、医疗卫生机构不持股，科研人员持股。那么，科研人员如何持股？实际操作过程中有多种方式，例如：

（1）科技成果赋权后出资，高校、科研院所、医疗卫生机构赋予科研人员部分所有权后，属于科研人员的所有权进行作价，属于高校、科研院所、医疗卫生机构的所有权进行转让或"权益让渡"。在这其中，如果科技成果以技术秘密的形式存在，作价或赋权在实操过程中有很多需要注意的事项，当然，技术秘密适不适合作价或赋权，业内也有不同的看法。

（2）横向课题结余经费出资，不少省市的高校、科研院所、医疗卫生机构出台了相关政策，鼓励科研人员将横向科研项目结余经费以现金出资方式入股科技成果转移转化企业。

（3）转让或许可奖励现金出资，高校、科研院所、医疗卫生机构把科技成果转移转化收入的现金奖励给科研人员，在扣完相关税费之后，科研人员通过现金出资的方式入股科技成果转移转化企业。

（4）持股平台购买成果作价投资高校、科研院、医疗卫生机构所持有股份。如合肥等地通过成立合伙企业作为持股平台，与高校和科研院所职务科技成果完成人共同成立科技成果转移转化公司，主动购买职务科技成果转移转化过程中高校和科研院所不能持有或无法长期持有的股权部分，破解高校和科研院所无法持有或不能长期持有成果转化新设企业股权、科研团队初创期资金负担重等难题。

至于本案例中提出的"科研人员先成立一家公司，由其他人代持股份，然后通过签订横向委托课题的方式，把技术秘密转移到公司再进行转化"的相关做法，我们认为存在较大的风险，原因主要包括如下两个方面：

（1）股权代持的风险。本身股权代持没有问题，但是本案例中科研人员的股权代持，更多是为了规避关联交易，无形之中给将来埋下隐患的种子。我们认为，越是涉及关联交易，越是应该公开透明地按程序一步步去操作。另外，这种做法也不利于公司的进一步融资，投资人通常对技术公司的知识产权是否清晰、创始人团队是否持股、持有多少股权等都非常关注，这种刻意规避关联交易的做法，很可能会让投资人望而却步。

（2）技术秘密转移的风险。确实对于横向委托课题来说，只要合同中约定清楚，产生的科技成果可以全部归属委托方。但这个的前提是成果是横向委托新产出的成果，而该案例中的技术秘密产出在横向委托之前，是属于高校的职务科技成果。而科研人员希望通过先成立新公司，再由新公司和高校签一个横向委托课题的方式，把技术秘密转移到公司，这是典型的"暗度陈仓"做法，是变相的职务科技成果私自处置，不是简单的违规问题，有侵占国有资产的嫌疑，可能涉及职务犯罪。

科技成果转移转化困难而复杂，每一项科技成果都是"独特"的存在，独特的技术、独特的团队、独特的承接方、独特的市场竞争、独特的政策环境……为此，很难有完全可以照搬照抄的转移转化案例和模式。科技成果转移转化模式的设计，需要探索，需要创新，甚至需要先行先试，但最重要的前提就是不能违规违法。这需要专业的科技成果转移转化机构和专业的技术经理人，根据科技成果实际的情况和特定的需求，去设计适合的转移转化模式，为科技成果转移转化提供合规审查、风险预判和争端解决等专业服务。

事实上，为了鼓励科技成果转化，近年来从国家到地方出台了一系列政策，政策力度空前。我们认为，在国内这么好的政策环境下，科技成果转移转化没有任何理由放着"阳光大道"不走，而去走"羊肠小道"。

## 十一、高校、科研院所产学研合作"十要十不要"

产学研合作是指企业、高校、科研院所之间的合作，通常指以企业为技术需求方与以科研院所或高校为技术供给方之间的合作，其实质是促进技术创新所需各种生产要素的有效组合。产学研合作是高校和科研院所科技成果转化的重要方式之一。

（1）产学研合作是高校和科研院所科技成果转移转化的重要方式之一。

科技成果转移转化对高校和科研院所来说不是可有可无的事。中央全面深化改革委员会第十九次会议强调，要把科技成果转化绩效纳入高校、科研机构、国有企业创新能力评价。

科技成果转移转化具有长期性、不确定性和高风险性等特点，需要跨越很深的"沟壑"，或称"死亡之谷"，科技成果转移转化者要承担技术成熟度、市场变化和资金回报等方方面面的风险。

技术成熟度评价系统是美国太空总署（美国航空航天局）于 20 世纪 80 年代后期开发的，该系统将技术成熟度分为九个等级，是应用于新技术发展与产业化评估的有效工具。据统计，创新活动中 42% 的发明处于概念验证阶段，29% 的发明处于实验室原型（机）状态，处于这两个阶段的成果熟化程度都不够，而能够实际商业化应用的只有 12%。

跨越"死亡之谷"，产学研合作是重要的方式之一。高校、科研院所拥有人才、平台和成果优势，企业是创新的主体，具备资金、生产和市场能力，通过产学研合作，双方能够发挥各自的优势，共享各自无法获得的资源，促进科技成果实现转移转化、科技创新转变为现实生产力。

习近平总书记在出席中国科学院第二十次院士大会、中国工程院第十五次院士大会、中国科学技术协会第十次全国代表大会时强调，要增强企业创新动力，发挥企业出题者作用，加快构建龙头企业牵头、高校院所支撑、各创新主体相互协同的创新联合体，提高科技成果转移转化成效。

技术开发、技术咨询、技术服务等活动是高校与科研院所服务企业的重要方式。产学研合作是高校和科研院所科技成果转移转化的重要方式之一，国内如此，国外也如此。德国弗朗霍夫协会主要采用"合同科研"的方式，也即我们所说的产学研合作，服务企业创新发展。美国佐治亚理工学院认为高校和企业的产学研合作广泛存在，并罗列出了高校和企业产学研合作的十种形式。美国斯坦福大学也十分重视和企业的产学研合作，专门印发了和企业的合作指南。

（2）成功的产学研合作需要高校、科研院所和企业承认和尊重彼此之间的差异。

美国斯坦福大学技术转移办公室认为，高校和企业是截然不同的社会组织，有着不同的社会分工，承担着社会赋予的不同主业主责。高校和企业在文化、目标和管理等诸多方面存在差异。斯坦福大学非常重视和工业界的合作，与企业的合作多和广，为此，专门制定了《研发人员与工业界合作指南》，指南指出了高校与企业在环境、管理、保密和时间等四个方面的差异。

一是环境开放与封闭差异。高校有一个开放的环境，鼓励信息和思想的自由交流，学生和研究人员在校园里来来往往，欢迎来自所有国家的游客，但不考虑公民身份，大多数设施都是开放的；企业有封闭的环境，他们需要控制对商业成功至关重要的信息访问，在未经允许的情况下，外人不能随意参观企业设施，在进入建筑物或参加会议之前，可能需要签署保密协议。

二是管理共识与层级差异。高校是一个以共识为导向的非营利组织，研究人员基于自己的好奇心去探索一个研究课题，并且有学术自由去追求知识服务于公众利益，行政部门支持研究人员进行最好的研究和教育；企业在以营利为目的企业中，董事会和首席执行官指导高层管理人员推动研究任务，以寻求市场机会，实现战略目标，并提供产品和服务，员工围绕企业的目标，即从产品销售中获得收入，为投资者创造价值。

三是保密性公开与保密差异。高校保持着研究"不保密"的核心政策，高校的研究人员会公布他们的研究结果以促进知识传播，发表文章是研究人员和学生进一步发展职业的方式，高校的发现不能作为商业秘密来保存；企业在商业中，持有商业秘密和专有信息意味着一个关键的竞争优势，企业必须用许多安全措施来保护他们的商业秘密。

四是时间弹性和刚性差异。高校学术研究本质上是不可预测的，不容易遵循特定的时间线，很难预测在何时，甚至是否会出现突破；在企业中，产品、商业周期和不断变化的市场使创新变得至关重要，企业可能期望从他们支持的项目中立即产生具体的可交付成果或知识产权，他们投资研究是为了获得投资回报。

在实践中涉及的高校与企业的差异还远不止这些。《研发人员与工业界合作指南》中特别强调，企业支持的研究协议谈判可能是非常耗时的，有时是具有挑战性的，特别是如果合作企业不习惯与高校合作或将项目视为"客户—供应商"关系的时候，合同条款，如知识产权、保密、违约条款等可能都很难协商。

2020 年 7 月 29—31 日，任正非在复旦大学、上海交通大学、东南大学、南京大学座谈时也指出，企业与高校的合作要松耦合，不能强耦合。高校的目的是为理想而奋斗，为好奇而奋斗；企业是现实主义的，有商业"铜臭"的，强耦合是不会成功的。强耦合互相制约，影响各自的进步。强耦合你拖着我，我拽着你，你走不到那一步，我也走不到另一步。因此，必须解耦，以松散的方式合作。

《研发人员与工业界合作指南》特别指出，当高校和企业承认和尊重双方在文化和观点上存在差异，而且尽管存在这种差异，双方仍然保持协作伙伴关系时，成功的产学研合作就实现了。

（3）如何快速判断企业是否愿意为产学研合作掏钱？

不少来自高校、科研院所的技术经理人都有这样一个体会，平时接触的企业很多，但是最终愿意为产学研合作掏钱的企业却很少。通常十次的产学研交流都很难换来一次的产学研合作。有没有办法可以简单快速地判断一家企业是否愿意为产学研合作掏钱呢？如果有，我们就可以把更多的时间精力花在更有希望的对接上，从而提高对接的成功率。我们认为有如下八条简单的判断依据：

一是解决了信任感的企业。企业通过熟人介绍或通过科技部门引荐或第三方中介机构牵线对接到高校和科研院所。

二是主动性强的企业。企业主动找上高校和科研院所寻求产学研合作，在第一次对接交流后，企业在较短时间内又多次主动联系高校和科研院所。

三是有一定体量的企业。企业解决了生存的问题，已经有一定的体量，并已实现了数千万元以上的年销售收入，面临的是进一步发展的问题。

四是重视研发的企业。企业重视研发，有研发所需的人才和平台，具备一定的研发能力，在研发方面已经有一定的投入，并愿意继续在研发上投入。

五是能提出准确需求的企业。企业能提出相对准确而具体的技术需求，知道自己企业需要什么，与高校和科研院所产学研合作能获得什么。

六是了解并接受高校和科研院所文化的企业。企业了解高校和科研院所的文化，有过和高校和科研院所成功的产学研合作经历，特别是企业恰好与对接的高校和科研院所有过成功的合作。

七是合作点较多的企业。企业与高校和科研院合作的契合点比较多，往往不止一项，其中有些合作短期就能见成效。

八是领导重视的企业。企业的高层，甚至是企业的一把手都亲自关心或参与产学研合作。

上面八条依据满足其一就可以试试，满足越多越要重视。但需要强调的是，上面的依据只是经验之谈，仅供参考。切不可因为企业不符合上述所列依据，就消极交流，甚至拒绝交流，因为也有一些产学研合作刚刚开始并不被双方看好，但是随着交流的深入却"柳暗花明"。

（4）高校和科研院所开展产学研合作的五个误区。

近年来，高校、科研院所与企业的合作越来越多、越来越紧密，合作为各方带来了实实在在的好处，但也仍旧存在一些认识误区，在一定程度上影响了合作的广度和深度。高校和科研院所开展产学研合作存在以下五个认识误区：

一是误认为企业怕花钱。通常来说，高校、科研院所和企业合作所需的资金都是由企业来承担。近年来，受大环境的影响，不少企业发展都遇到了一定的困难，企业在产学研合作上花钱也越来越"谨慎"，恨不得一分钱掰成两半来用。为此，很多高校和科研院所就错误地认为企业怕花钱，没有合作的诚意。其实，企业怕的不是花钱，怕的是不确定性，怕的是风险。面对不确定性大、风险大的产学研合作，企业就怕花钱；但如果不确定性小、风险可控，企业就不怕花钱。总而言之，如果不确定性非常大，哪怕花再少的钱，企业都害怕；反之如果风险小，再多的钱企业都愿意花。当然有些风险虽然大，但是回报高的产学研合作，企业也可能愿意尝试。

二是误认为企业只要成熟的技术。高校、科研院所的科研成果成熟度通常都有所欠缺，往往是某个技术指标的突破，甚至是不惜成本并以牺牲其他技术指标为前提。这样的成果通常就是为了发文章或申请专利。高校、科研院所想当然地认为，这样的成果离产业化很远，企业肯定看不上，更不会接受这样的技术，因此也很少去接触企业，更不会去尝试将其产业化。其实对于一些大企业来说，高校、科研院所的某些科研成果哪怕只是某个技术指标的突破，只要找到合适的应用场景，也完全有可能产业化。高校、科研院所追求的是科学指标，企业追求的是市场指标，两者之间有"鸿沟"，有矛盾，但并不是完全不可调和的，通过深入的交流探讨，完全有可能找到契合点。当然需要明确和强调的是，这种潜在的契合点是经过深入探讨交流出来的，不是靠简单的单方面的需求征集或成果发布就能实现的。

三是误认为企业不看好的技术就不会关注，更不会投入。高校、科研院所的科研人员经常会做一些看似"天马行空"的研究，而企业通常是以结果和市场为导向。为此，高校、科研院所通常都认为，企业不会关注、不会看好，更不愿意去投入一些前沿技术。其实不然，现在很多大企业特别是行业龙头企业，非常关注领域内的新技术，特别是来自高校、科研院所的一些新研究、新成果。哪怕经过交流对接后，企业并不看好这项新技术，但有时不看好归不看好，如果这个技术有足够的创新点和颠覆性，他们也愿意投入储备一些技术。因为他们怕万一不跟进这种现在看似离产业化很远的技术，有一天会成为颠覆性的技术，给他们带来"黑天鹅"式的打击，并威胁他们的行业龙头地位。

四是误认为与企业合作就不能发文章。技术是企业最重要的商业秘密之一，企业都非常注重技术保密，研发的方向和进展也通常不轻易公之于众。因此，高校、科研院所的科研人员通常都会认为，和企业合作后就不能发文章。在现有体制下，文章仍是高校、科研院所对科研人员评价的一个重要指标，不能发文章在某种程度上限定了科研人员与企业合作的积极性。但其实不然，很多大企业和高校、科研院所的合作越来越多，态度也越来越开放，也能理解高校、科研院所科研人员关于评价考核的需要，所以在很多时候也会同意合作的科研人员发文章。但通常企业从保密方面考虑，会要求专利申请在前，发文章在后，至少也会要求申请专利和发表文章同步进行。

五是误认为好的合作就不应该有"冲突"。高校、科研院所通常会认为成功的产学研合作就是"相敬如宾""如胶如漆"，不会有任何"冲突"。其实，高校、科研院所和企业是截然不同的社会组织，有着不同的社会分工，承担着社会赋予的不同主业主责。高校、科研院所和企业在文化、目标和管理等诸多方面存在差异，这些都可能引发双方产学研合作过程中的"冲突"。高校、科研院所和企业合作过程中存在不顺畅，甚至出现小"冲突"的情况在所难免。和企业合作怕的不是"冲突"，而是如何处理"冲突"。产学研合作是人与人的合作，找到对的合作对象非常关键，在此基础上产学研合作各方建立长效交流和合作的机制，在合作过程中求同存异，利益共享，风险共担，最终才能共赢，并相互成就。

（5）高校和科研院所开展产学研合作建议"十要十不要"。

一是和企业合作要更多地专注于发挥作为高质量科研成果供给方的作用，多做转移转化（如咨询、转让、许可、委托开发和合作开发等）少做产业化，尽量不要去参股企业，更不要去参与企业的生产和经营管理。

二是和企业合作要多从具体项目着手，帮助企业解决实实在在的需求，少签订框架合作协议，更不要一开始就探索与企业的机制合作甚至平台的合作。务实的机制和平台合作需要在多个具体项目合作的基础上构建，缺少具体项目为抓手，机制和平台的合作很难落到实处。

三是和企业合作要从简单容易的小项目着手，不要一开始就贪大而难的项目。通过简单容易的小项目合作，建立彼此之间的信任关系，磨合合作机制，为后续双方大项目合作奠定基础。

四是和企业合作要从短期合作着手，不要一下子就签订长期合作协议。"商场"如"战场"，企业的商业计划在产学研合作过程中可能会发生变化，产学研合作也因此存在一定的不确定性和变数。为此，和企业合作尽量先从短期合作着手，制定短期合作目标。即便是短期的合作，也建议适当分解出若干的"里程碑"节点，逐步推动直至最终合作目标达成。

五是和企业合作一定要明确责权利，也就是所谓的"先小人后君子"。合作不要碍于情面，因为双方交流很顺畅，或者通过熟人介绍、双方关系很"铁"等原因，就认为这也没问题、那也没问题，甚至双方协议都没签，或者签了协议但在一些知识产权等关键问题上模棱两可，最终都可能引起合作上的"冲突"。

六是和企业合作要注重项目的过程管理，不要只关注项目的签约，签约只是迈出了产学研合作的第一步，做好过程管理对项目最终能否成功至关重要，这也是把和企业一个项目的合作变成多个项目的合作甚至机制和平台的合作、把短期合作变成长期合作的关键。

七是和企业合作要充分尊重高校和科研院所科研人员的诉求，产学研合作需要科研人员去完成，不要勉强去撮合科研人员和企业合作，更不能代替科研人员去做判断甚至决定项目合作相关事项。一开始就"勉强"合作，合作过程会更"勉强"，最终可能连"勉强"的结果都很难取得。

八是和企业合作要坚持底线合作原则，合作要保持战略定力，要有所为更要有所不为，还要不卑不亢，不要为了促成合作而一味让步，无底线的让步注定会为后续双方的合作埋下隐患。

九是和企业合作一定要互惠互利，合作共赢，不要有"占便宜"的想法，更不能尔虞我诈。不能互利共赢的合作，一定是不可持续的合作，也注定是不长久和不成功的合作。

十是和企业合作要做好充分迎接困难的准备，不要低估困难。合作过程中存在不顺畅，甚至出现小"冲突"的情况在所难免。承认和尊重双方差异、求同存异、相互信任、通力协作是产学研合作成功的必要条件。

一次简单、容易和短期的小合作，为产学研合作双方带来的成效通常是有限的。一般来说，最有成效的产学研合作是那些着眼于长期关系的产学研合作。上面所提及的产学研合作十点建议，一个重要的目的就是希望帮助高校、科研院所和企业建立长期稳定的产学研合作关系。高校、科研院所和企业基于长期产学研合作关系，求同存异、持续投入、稳定合作和相互成就，为合作双方带来的回报也将是巨大的。国内外很多高校、科研院所和企业产学研合作成功的典范都很好地印证了这一点。

## 十二、华西医院科技成果转移转化和"华西九条"

四川大学华西医院始建于 1892 年，是中国西部疑难危急重症诊疗的国家级中心、中国著名的高等医学学府，也是中国一流的医学科学研究和技术创新的国家级基地，综合实力处于国内一流、国际先进行列。在中国医学科学院医学信息研究所发布的"中国医学院科技量值"上，连续 6 年排名全国第一；在复旦大学中国最佳医院排行榜上，科研得分连续 10 年名列全国第一；专利申请及授权数在全国医疗机构中连续 11 年排名第一。

1986 年以来，华西医院逐步明确并持续推进"科技强院"的发展战略，瞄准解决临床问题的医学前沿科技、关系国计民生的重大国家项目和代表医学发展的重大目标；加强学科建设，建设研究转化大平台，培育科技创新大团队；医院的科技能力逐步从西部异军突起、持续发展，处于全国医学科技领域的前列位置。

华西医院十分重视科技成果转移转化工作，目前已逐步形成了一条专业从事医药成果转化的华西医院转化医学研究链。2012 年建设了西部医药技术转移中心，并获批成为科技部"国家技术转移示范机构"，整合"政—产—学—研—资—用"转化医学资源优势，搭建了面向全国的、开放的技术转移服务平台，加速医药科技成果转化；2014 年底获批建设省内首家转化医学工程技术研究中心。与此同时，华西医院依托国家重点实验室、各开放实验室、公共技术平台、国家新药安全评价研究中心（GLP 中心）、国家临床试验基地（GCP 基地）、国家灵长类实验动物基地、国家新药药效评价中心等平台，构建了从原始研发到生产流通的新药创制的创新产业服务链。

此外，为促进科技成果转移转化，华西医院颁发了《促进科技成果转移转化实施方案（试行）》、《科技成果转移转化九条激励政策（试行）》（以下简称

"华西九条"）、《横向课题科技合同管理办法》、《专利管理办法》、《科技成果转化基金管理办法》、《成果转化奖实施办法》等一系列文件。

其中，"华西九条"将科技成果及其转化的"权"和"利"充分赋予成果完成人，大大激发了其职工实施科技成果转移转化的积极性。关于"华西九条"，有媒体总结了以下六条经验：

一是运用市场机制，加大激励力度。"华西九条"规定，允许成果完成人与医院事先协议约定职务科技成果的权属或股权比例；成果完成人可在申请专利或专利技术成果作价投资前，与医院以协议的方式事先约定科技成果的权属或股权比例，并允许成果完成人以个人名义占有股份。同时，原创成果通过转让或许可取得的净收入，以及作价投资获得的股份或出资比例，医院提取 80% ~ 90% 的比例用于奖励。

二是通过明确的质和量的规定。"华西九条"明确规定原创成果转化以后，对完成和转化作出重要贡献的人予以重奖。同时，为他们争取最大的税收优惠政策；扩大横向项目经费使用自主权，在保证完成合同任务的前提下，根据工作内容和合同约定合理自主安排项目经费，不设置劳务费比例限制；办理结题后形成的结余经费可用于持续研究，也可部分或全部用于绩效奖励；允许和规范科技人员兼职从事科技成果转化活动。

三是组建专业化转移转化机构和团队。华西医院为推动成果转移转化，组建了成果转化部和四川西部医药技术转移中心，成果转化部作为医院的行政管理部门，负责医院专利、横向课题合同等的管理，对接医院、临床医生和研发团队；对外有四川西部医药技术转移中心，它作为重要平台和对外窗口，配合成果转化部的工作，对接政府、企业、大学机构和资本，提供技术转移服务。实现了院内外信息和资源的精准对接，医、政、产、学、研、资、用协同创新。

四是搭建全产业链转化医学平台。华西医院已经搭建起了完整的生物医药产业创新链、技术链与服务链，覆盖探索发现、临床前研究、临床研究、评估评价、技术培训学术推广在内的各个环节，技术转移团队全过程参与其中。

五是加强政医产学研协同创新。华西医院人才通过引进培养、搭建平台、整合资源、创新体制机制等方式加强政医产学研协同创新。

六是提升管理和服务能力。不断倡导新举措、新做法，在政策把关的同时，引导和鼓励科技人员增强科技创新意识、知识产权保护意识、强化转化和社会服务意识，同时强化重点项目全过程管理跟踪，提质增效。

# 四川大学华西医院
# 科技成果转移转化九条激励政策（试行）

为激励四川大学华西医院（以下简称"医院"）科技人员开展医学创新和成果转移转化活动，大力推动卫生与健康领域的科技创新和成果转化，根据《中华人民共和国促进科技成果转化法》、《关于加强卫生与健康科技成果转移转化工作的指导意见》（国卫科教发〔2016〕51号）、《四川省激励科技人员创新创业十六条政策》（川委办〔2016〕47号）和《四川大学科技成果转化行动计划（试行）》（川大委〔2016〕66号）等有关法律、法规和政策文件，结合华西医院实际情况，现探索制定以下九条激励政策，先行先试。

### 第一条　探索职务科技成果产权制度改革

允许成果完成人与医院事先协议约定职务科技成果的权属或股权比例。成果完成人可在申请专利或专利技术成果作价投资前与医院以协议的方式事先约定科技成果的权属或股权比例，并允许成果完成人以个人名义占有股份。

### 第二条　提高科技成果转化收益比例

医院科技成果转移转化所获收益，按不同方式对完成和转化科技成果作出重要贡献的人员给予奖励。原创成果通过转让或许可取得的净收入，以及作价投资获得的股份或出资比例，医院提取80%～90%的比例用于奖励，具体由医院成果转化工作委员会给予认定。

### 第三条　鼓励发挥专业化技术转移机构的作用

医院科技成果转移转化收益扣除对成果完成人和为成果转化作出重要贡献的人员的奖励和报酬后，其余经费作为医院"成果转化经费"，主要用于科技成果转化相关的工作，并对成果转移转化部门的运行和发展给予保障。

医院设立成果转化部门和岗位，在核定的岗位总量内，对高级专业技术人员聘用给予倾斜，同时可聘请具有创新实践经验的企业家、科技人才和其他符合条件的人员兼职从事科技成果转移转化工作，并获得相应报酬。

医院鼓励市场化运行的第三方机构积极参与医院的成果转移转化工作，提供技术转移服务的第三方机构根据协议约定，可以从科技成果转化净收入中提取一定比例作为技术转移服务报酬。

### 第四条　科技成果转化奖励的税收优惠

转化职务科技成果给予个人的现金奖励，其个人所得税按照国家税收优惠政策由医院代扣代缴，争取最大的税收优惠政策。

转化职务科技成果给予个人的股权奖励，允许个人递延至分红或转让股权时缴税。

### 第五条　扩大横向项目经费使用自主权

医院科技人员面向企业开展的技术开发、技术咨询、技术服务、技术培训等横向合作活动，是科技成果转化的重要形式。横向项目（承接境内外行政机关、企事业单位、社会团体或个人委托的非财政拨款性质的科研项目）经费由项目团队在保证完成合同任务的前提下，根据工作内容和合同约定合理自主安排，不设置劳务费比例限制。

项目组办理结题后形成的结余经费可用于持续研究，也可部分或全部用于绩效奖励。

### 第六条　完善科技成果转化业绩认定和考核评价体系

建立并逐步完善激励科技人员从事科技成果转移转化的考核评价体系，将科技成果转化情况作为科技人员职称评定、岗位和薪酬管理等考核评价的重要内容和依据。

医院鼓励科技人员承担重大科技成果转化项目和重大产学研合作项目，对科技成果转移转化方面业绩突出、取得重大经济社会效益和行业影响的科技人员可破格聘任医院正高或副高级职称。

在业绩认定和考核评价中，承担单项横向项目到院经费2000万元及以上的，与承担国家级纵向重大重点科技项目同等对待；承担单项横向项目到院经费 500 万元及以上的，与承担国家自然科学基金面上项目同等对待；承担单项横向项目到院经费 200 万元及以上的，与承担省部级科技计划项目同等对待。以上经费不含拨出经费，包含成果转化医院分红所得。以上横向项目经费与纵向项目经费认定权重按照 1∶1 同等计算。

医院拥有知识产权的横向项目或成果转化项目获得 1 类新药证书的，与获得国家科技进步奖二等奖同等对待；获得三类医疗器械注册证的，与获得省部级科技进步奖二等奖同等对待。

### 第七条　关于兼职和离岗创业

允许和规范科技人员兼职从事科技成果转化活动。在保证完成医教研管等工作的前提下，由科技人员本人申请并提交兼职从事科技成果转化意向合同，医院与科技人员签署合同，并将兼职信息在院内公示 15 日后，科技人员可在科技型企业兼职从事科技成果转化活动。兼职人员完成院内岗位任务且考核合格，医院发放全部工资和岗位津补贴等。但兼职从事的工作必须与本人的职务科技成果转化相关，兼职时间每年累计不超过 3 个月，兼职期间可正常参加职称评定、晋升和年度评优等。

医院鼓励拥有自主知识产权或可产业化成果的科技人员经批准并与医院签署合同后离岗创业。医院原则上保留其人事关系 3 年，根据科技成果转化进展情况可申请适度延期。离岗创业期间，医院保留科技人员的基本工资和五险一金。履行了合同约定的相关责任义务，离岗科技人员可正常参加职称评定与晋升。离岗创业期满，本人提交创业总结报告与申请，经所在科室和相关部门考核合格，可回医院继续从事相关工作，医院按不低于原聘用岗位等级聘用，超岗聘用的逐步消化。

支持"双肩挑"干部兼职或离岗转化科技成果并享受相应待遇。医院担任处级及以上领导职务的现职"双肩挑"干部（医院和下属独立法人单位正职领导除外），由本人申请，所在科室同意，经医院批准，可兼职创业或辞去领导职务后离岗创业。"双肩挑"干部创业，可取得股权和现金奖励，医院和下属独立法人单位正职领导可获得现金奖励，原则上不能取得股权激励。"双肩挑"干部创业实行收入公开公示制度。

### 第八条　设立科技成果转化基金和成果转化年度先进个人

医院每年出资不低于 1000 万元设立"科技成果转化基金"，主要支持具有转化前景的科技创新和成果转化项目，对科技成果转化业绩突出的项目团队给予倾斜。

医院设立"成果转化年度先进个人"，根据专利授权和转化实施情况、完成重大技术开发和成果转化项目数量，以及实际到院的横向经费等情况，评选成果转化年度先进个人。

### 第九条　管理中的风险免责

在科技成果转化过程中，通过技术交易市场挂牌、拍卖等方式确定价格的，或者通过协议定价并按规定在医院公示的，医院领导在履行勤勉尽责义务、没有牟取非法利益的前提下，免除其在科技成果定价或投资中因科技成果转化后续价值变化或转化科技成果发生投资亏损的决策责任。

（本案例综合自四川大学华西医院官网、《科技日报》等）

## 十三、一个民营企业对科技成果转移转化的五点看法

近期，为了推动某高校的一项原创科技成果落地转化，笔者和一家大型的民营企业进行了多次面对面交流。该民营企业和高校都非常有合作诚意，几轮交流下来，笔者对该民营企业眼中的"科技成果转移转化"有了以下几点认识：

（1）民营企业对科技成果转移转化其实很谨慎。所有的企业都怕风险，但是民营企业特别怕风险，即使是规模不小的民营企业也是如此，除非迫不得已，一般是不愿意做第一个"吃螃蟹"的企业。他们通常对高校所谓原创性科技成果的转化兴趣不大，他们最希望引进的是成熟的技术，或者至少是在别的企业已有过产业化经验的科技成果，而不是那些有待验证或者第一次进行转化的科技成果。当然那些已经成为行业龙头的民营企业，特别是已上市的民营企业，出于各种原因也会去做第一个"吃螃蟹"的企业。

（2）民营企业决策很简单高效。民营企业一个项目要不要上，也会有一定的尽调和论证，但一般不会特别烦琐、不会反复论证、不会特别漫长。简单来说，民营企业决策是简单高效的，负责人是民营企业的最终拍板人，只要说服负责人，负责人觉得值得干就可以干。也因为此，相对于国企，很多外企更喜欢和民营企业合作。用他们的话说就是，民营企业负责人不会轻易易主，只要负责人不变，这家企业的决策机制就不会变，但是国企不一样，国企的领导是任命制，变化有时很快还很突然，领导一变，决策机制可能全变。

（3）民营企业的时间观念特别强。民营企业有着很强的时间观念，非常关注时间节点，因为他们认为，时间不仅是金钱，时间还是市场，时间更是企业生存和发展的生命线。所以今天谈好的事，民营企业通常希望越快越好，越早越好，最好立刻、马上就能启动，而不是按部就班。为快速推动一件事情，他们可以"白加黑，五加二"，更可以"人海战术"，用他们的话说就是，没办法，他们为了活下去别无选择，必须这么做。

（4）民营企业精于算经济账。民营企业和高校都很关注数字，但不同的是，高校关注的是技术先进性的数字，而民营企业关注的是经济效益的数字，民营企业眼中只有科技成果转移转化之后能不能赚钱，能赚多少钱，至于科技成果先不先进他们并不十分关心。另外，为了商业利益最大化，民营企业通常希望和高校的合作是排他性的，而高校通常更希望是非排他性的，即不把鸡蛋放在一个篮子里，但这种"矛盾"并非不可调和。

（5）民营企业的生产和市场经验是高校所欠缺的。民营企业的生存和发展面临的是无时无刻、无处不在的残酷市场竞争，所以他们有着丰富的生产和市场经验，某种程度上说，这是生存经验。如：出于保护技术和市场竞争的需要，企业一项产品对外的指标可能就几项，但是实际上企业内控的指标可能是几十项。这也是很多高校对着国外企业公布的产品指标去做研发，研发出来的所谓样品，在相关指标上都实现了，甚至在某些指标上大大超出，就对外宣称取得了技术突破，但如果按这个去生产，生产出来的产品综合性能和国外产品的差距却非常大的根本原因。另外，企业很多正在生产并热销的产品并非就是该企业当下所掌握的最领先的技术。经常为了竞争和盈利的需要，他们会把已经研发出来的更新、更先进的技术暂时"封存"起来，时间可能是数年，甚至是数十年。但是一旦市场有企业开始涉及同样新技术的时候，他们又会快速启用该新技术，以应对市场的新竞争，最终就是为了在市场中一直保持领先地位。民营企业类似这样的生产和市场经验都是高校和科研院所欠缺的，也是高校和科研院所不走近企业根本无法知晓的。

## 十四、从四个企业看管理创新的重要性

近代以来，世界发展跌宕起伏，世界霸主几经转换。科技创新的重要突破和创造性应用，往往会对已有的技术、产品进行替代，引发新兴产业快速崛起，对传统产业产生"归零效应"。成果产生和转化，对产业竞争、经济推动、人们生活产生决定性影响，并引起世界政治、经济和科技格局的改变。先进科技、高端人才、高质量产品诞生在哪里，竞争的制高点和世界的中心就转向哪里。

有不少的创新型组织非常重视技术创新，引进了最好的技术人员，有了最好的技术创新，可为什么最终却没有取得预期的创新成效？

技术领先最终失败的创新型组织比比皆是。回顾历史，可以列出一个长长的名单，他们是技术的开拓者和引领者，曾经有最好的技术，但最终却未能成为卓越的创新型组织。例如：成立于1881年的柯达公司，曾经是世界上最大的影像产品和服务供应商，数码技术最早也源自它的发明，2012年却宣布破产保护，2013年被重组；20世纪最伟大的实验室之一贝尔实验室，是晶体管、激光器、太阳能电池、发光二极管、数字交换机、通信卫星、电子数字计算机、C语言、UNIX操作系统、蜂窝移动通信设备、长途电视传送、仿真语言、有声电影、立体声录音，以及通信网等许多重大发明的诞生地，但是在科技发展更为迅速的今天，贝尔实验室却变得沉寂，不再有能够拿得出手的发明，甚至被许多人遗忘。

创新型组织技术创新的绊脚石通常并不在技术本身。技术先驱何以成为技术先烈？通常并不在技术本身。有很多人归结于创新型组织管理上的失败。

华为技术有限公司是一家非常重视创新的企业。1997年，在《华为基本法》的起草过程中，一位教授曾经问任正非："人才是不是华为的核心竞争力？"任正非答道："人才不是华为的核心竞争力，对人才进行有效管理的能力，才是

企业的核心竞争力。"任正非与 2000—22 期学员交流纪要中也提到："所有公司都是管理第一，技术第二。没有一流管理，领先的技术就会退化；有一流管理，即使技术二流也会进步。"他是这么说的，也是这么做的。华为技术有限公司花了巨资打造一流的管理，以请 IBM 做集成产品开发（Integrated Product Development，IPD）变革为例，整个变革共计花了约 20 亿元。

"二战"时期，美军对飞机制造商提出了一个极为苛刻的要求："180 天内，生产出新型喷气式战机。"当时，美国在这个领域尚处于起步阶段，就算用一年时间，也没有哪家飞机研发企业有信心研制出一架原型机。年轻的设计师凯利·约翰逊接过这一重任，用了 5 天时间，勉强凑齐一支工程队，由于工作环境恶劣，且臭气熏天，被称为"臭鼬工厂"。把不可能变为可能，唯有大刀阔斧地进行管理创新。凯利·约翰逊提出了"臭鼬工厂"的 14 条管理守则，简化了一切不必要的流程，让研发团队脱离了各种条条框框的束缚，仅用 143 天就完成了这项不可思议的任务，创下了飞机研制史上的新纪录。

诺贝尔经济学奖获得者、制度变迁理论创始人道格拉斯·诺斯认为："如果企业的制度和管理模式不对，就不存在真正的科技创新；如果企业的制度和管理模式对了，就会带来更多的科技创新。"著名的管理专家及畅销书作家吉姆·柯林斯在《从优秀到卓越》（*From Good to Great*）一书里分析道："一个公司之所以平庸，最重要的原因不是技术落后，而是管理不善。"

创新型组织的技术创新不应以牺牲管理创新为前提。技术创新的绊脚石很可能并不在技术本身，通常是管理出了问题。那么对于一个创新型组织来说，是不是说管理创新就一定比技术创新重要？

我们认同管理对一个创新型组织的重要性。不管是企业，还是高校、科研院所或者医疗卫生机构，如果制度和管理模式不对，就不存在真正的创新；如果制度和管理模式对了，就会带来源源不断的创新。

但我们更认为，对于一个创新型组织来说，其实是很难绝对地说是管理创新重要还是技术创新更重要。不同的创新型组织，处在不同的发展时期，面对不同的发展问题，可能答案也不太一样。对一个创新型组织来说，管理和技术都非常重要，两者相辅相成，就像一个人的两条腿，只有一样健壮才能跑得快。

但是现实中，很多创新型组织其实都是"瘸着腿跑步"，重视技术创新远超过了管理创新。不夸张地说，他们在技术创新方面充满"激情"，但却在管理创新方面非常"淡定"，甚至可以说是"胆小"。

不少创新型组织，为了多出人才、多出成果、多出效益，不断地加强技术创新，更有甚者以牺牲管理创新为前提。随着技术创新的加强，即使是不变不动的管理创新实际上也是不进则退，已经逐步与技术创新的发展需要不相适应，也就很难取得预期的创新成效。更值得注意的是，很多创新型组织的管理者根本没注意到这个情况，越是重视技术创新，越是一味单纯地加强技术创新，最终跟不上的管理创新成了发展的绊脚石，让技术先驱成了技术先烈。

总之，好的技术创新离不开好的管理创新。为此，我们呼吁，创新型组织的管理者，在重视技术创新的同时，不要忽视管理创新。技术创新很重要，但也不要以牺牲管理创新为前提。技术创新需要好的创新生态，有了好的创新生态，技术创新才能源源不断涌现。而良好的创新生态的背后是管理创新。管理创新能出成效，而且很可能是大成效。

## 十五、国企科技成果转移转化的七点建议

国有企业（简称"国企"）是指国务院和地方人民政府分别代表国家履行出资人职责的国有独资企业、国有独资公司及国有资本控股公司，包括中央和地方国有资产监督管理机构和其他部门所监管的企业本级及其逐级投资形成的企业。

近日，在某国企从事科技成果转移转化的一位负责人介绍了他们的科技成果转移转化情况。交流之后，笔者多少还是有点吃惊，因为这样一个以服务国家战略需求为导向的国企也开始重视科技成果转移转化，不仅公司的一把手亲自抓科技成果转移转化，还设立了专门的科技成果转移转化岗位，并集聚法务、财务等相关部门为科技成果转移转化保驾护航。

据介绍，我们对该国企目前科技成果转移转化的情况和面临的问题有了初步的了解。这当中有不少是经验，但更多的是在国企科技成果转移转化实操一线做工作的各种不容易，如疲于参加各类对接活动，适合向外转化的科技成果不多，科技成果转移转化体制机制不够灵活等问题。

国企的科技成果转移转化怎么做？我们提出了以下七点建议：

一是不要狭义地去认识科技成果转移转化，科技成果转移转化包括的内容很多，思路决定出路，思路拓展了，科技成果转移转化的出路才能越走越宽。

二是科技成果转移转化模式没有最好只有最合适，很多国内国外高校、科研院所、医疗卫生机构的做法，对国企没有多大借鉴意义，建议要根据所处技术领域等实际情况和国企的特点，制订适合自身的科技成果转移转化模式。

三是国企通常都是以服务国家战略需求为导向，所以开展科技成果转移转化要尽可能以服务国家战略需求导向产出的科技成果为转化的主要对象，要服务自身的主责主业，要努力成为主责主业的重要一环。

四是要做好科技成果转移转化离不开体制机制的创新。体制机制创新离不开领导的支持，所以国企领导重视是做好科技成果转移转化的前提。如果国企领导已经重视了，就用好领导这张"王牌"，领导还没开始重视，那就想办法让领导重视起来。

五是科技成果转移转化是一项长期复杂的系统工程，绝不是一朝重视，就能立马取得成效的，需要做好长期困难的准备。科技成果转移转化难是正常的，特别是在具体执行层面，比想象的还要难很多，但办法总比困难多。

六是国企的科技成果转移转化要让更多人参与进来就离不开宣传，但最好的宣传其实是身边的成功案例，所以要努力树立科技成果转移转化的典型，特别是刚开始做的时候，要把有限的精力放在最有可能成功的案例上，全力以赴做好了，做出影响力了，就会有越来越多的人参与进来。

七是科技成果转移转化要想做好，具不具备资源整合能力很关键，参加各类对接活动就是拓展朋友圈、集聚资源的一种重要方式。但是，每个人的时间精力都是有限的，所以对接活动还是要进行具体分析，尽量把时间安排在参加最有可能出成效的活动上，而且既然参加了，就要有准备地参加，只有经过精心策划和组织的活动，才有可能取得预期成效。

## 十六、某国企的科技成果转移转化六点探索与实践

中国共产党第二十次全国代表大会明确，要加强企业主导的产学研深度融

合，强化目标导向，提高科技成果转化和产业化水平。近年来，很多企业特别是国企，纷纷通过成立科技成果转化中心、完善体制机制等方式，推动科技成果加快转化为产业发展的现实动力。

某国企是国家相关工业的主体、相关产业发展与建设的中坚、相关技术应用的骨干。科技成果转移转化作为科技创新的"最后一公里"，一直是该国企技术创新链条中最薄弱的一环，也是最关键的一环，是激发科技创新主体活力的重要手段。

近年来，该国企着力打通科技创新"最后一公里"，以国家战略需求为导向，以建设内驱型科技成果转移转化生态体系为核心，以体系化思维布局科技成果转移转化工作，构建了符合科技创新规律、科技成果转移转化规律和产业发展规律的产学研协同创新机制，全面提升科技供给与转移扩散能力，推动科技成果加快转化为产业发展的现实动力。需要做好以下几方面：

一是以推动产学研协同发展为核心，加强成果转化体系建设的顶层设计。从健全管理体系、激励机制、服务体系、推动试点项目落地四个方面入手，激发科研人员成果转化的内生动力，引导科研院所和科研人员自发地以许可、转让、作价入股等方式将多年的成果积累转变为经济增长，显著提升科研人员的待遇水平，并通过"科创基金＋产业基金"接续孵化的方式，将科技成果转移转化作为集团的新产品、新产业、新经济增长点和增长极；聚焦集团战略，引导集团内部科研院所与专业化公司之间产学研合作协同发展，明确科研院所与产业公司的知识产权权属，产业公司需有偿使用科研院所科技成果，产业公司"出题"，科研院所"答题"，实现科技创新与产业发展之间的利益共享和良性循环。

二是以完善管理体系为基础，解决成果转化"不能转"的问题。坚持科技创新和制度创新的"双轮驱动"，专门出台政策为科技成果转移转化工作提供制度依据和操作指引，搭建了"集团总部—二级板块—三级单位"的三层科技成果转移转化制度体系，形成了从指导意见、实施细则到专项激励政策的集团成果转化"三部曲"；结合国家科技成果使用权、处置权和收益权下放的政策导向，构建"放管服"相结合的成果转化管理模式，明确集团各管理部门及各专业化公司、直属单位的职责范围，明确各级决策主体责权利，在解决了科技成果转移转化科研人员持股形式上落入"上持下"范围的疑虑之余，有效防范不规范的"上持下"现象及国有资产流失；制定了核心科技成果目录，构建了核心和非核心成果转化的差异化管理模式，在保障国家战略需求及自身技术与产业发展需求的同时，有效解决了科技成果解密难、转化难而"不能转"的问题。

三是以健全激励机制为重点，解决成果转化"不愿转"的问题。鼓励将知识和技术作为生产力要素参与分配，并建立相应的机制保障科技成果完成人的技术权益和经济利益。对于采用技术许可或技术转让方式的科技成果转移转化项目，科技成果完成单位可从转让（许可）该项科技成果所取得的净收入中提取 50% ~ 70% 的比例用于奖励，对于采用技术作价投资方式的科技成果转移转化项目，最高可从该项科技成果形成的股份或出资比例中提取50%用于奖励；鼓励科研人员参与科技成果转移转化和项目合作，并逐步建立符合人事管理需要和科技成果转移转化工作特点的职称评定、岗位管理和考核评价制度，进一步提高科研人员成果转化的积极性；将科技成果转移转化指标纳入考核体系，充分发挥考核的"指挥棒"作用，按照"一院一策、一企一策"的原则下达，从转化规模、经济效益、奖励激励、制度建设、政策执行等维度提出评分办法进行考核，根据单位特色合理设置考核指标。

四是以营造良好示范效应为抓手，解决成果转化"不敢转"的问题。将知识和技术作为生产力要素参与分配，健全了科技创新中长期激励机制，陆续推动了多领域科技成果以作价入股方式实现转化；策划举办各类科技成果转移转化、创新创业的活动，加大宣传力度，进一步破除制约科技成果转移转化和产业化的藩篱，为集团培育新的经济增长点；组织下属成员单位积极参加上级部门举办的各类科技成果赛事、推广宣传和成果转化培训活动，形成科技成果转移转化的积极氛围。

五是以构建服务体系为依托，解决成果转化"不会转"的问题。针对科技成果转移转化链条长，涉及知识产权、资产评估、金融投资、商务谈判、法律咨询等众多服务需求，成立科技成果转移转化中心，搭建专业服务支撑平台，实现成果转化全方位、全流程服务；采取"科创基金＋产业基金"接续孵化的金融服务模式，用少量的资金引导和撬动更多的社会资本，用于支持高投入、高风险、高产出的科技成果转移转化，加速重大科技成果产业化，并从中获取分红及股权退出收益进而反哺科研，促进科技创新可持续发展；着力探索重大项目多元化融资模式，通过打造重大项目的知识产权产品，探索构建知识产权池和知识产权价值评估方法，建立基于知识产权价值实现的多元资本投入机制。

六是以完善科技成果转移转化要素为支撑，健全成果转化保障体系。瞄准"十四五"规划及中长期发展战略，统筹推进产品开发工程、技术体系架构、基础前沿探索"三条主线"，逐渐步入"探索一代、预研一代、研制一代、应用一代"的可持续发展轨道，发挥科技创新对产业发展的支撑引领作用；积极构建新的科技创新组织模式和管理方式，将科技成果转移转化意识融入科研项目管理的全过程，将关键节点"里程碑"式管理、集智攻关、"揭榜挂帅"、"赛马制"、末位淘汰等创新模式融入项目管理，提升可转化科技成果的数量与质量；建立优质技术成果库，实施分类管理和动态管理，将科技成果分为面向国家战略、面向集团主业及面向国民经济三个类别，分别按照国家要求、集团统筹和市场化的原则进行转化，针对优质技术成果库中面向国民经济类项目，定期制作清单，多渠道多方式向市场发布，引导外部市场牵引和研发投入，帮助有潜力的优质项目快速实现产业化和规模化；通过建立基于办公网络的科技管理平台，实现横向贯通、纵向输入，打通科研项目管理的大循环，实现总部层面、企业层面科研项目的全过程可视化管理及一体化管理，进一步推进集团科研管理的规范性、科学性，全面提升集团科技决策能力。

（本案例根据相关报道整理而成）

## 十七、建设一个概念验证中心的七个步骤

进入 21 世纪以来，美国高校把建立概念验证中心作为弥补高校和科研院所等科研机构研发成果与市场化、产业化成果之间空白的关键环节，已经进行了 20 余年的尝试。

国内从 2018 年前后开始概念验证中心的实践性探索。据不完全统计，截至目前，已有北京、上海、深圳、广州、杭州、合肥、天津、成都、苏州、日照、武汉、石家庄和西安等地在围绕概念验证平台建设、概念验证项目支持、

概念验证资金设立等方面展开布局。其中，杭州提出要打造全国首个成果概念验证之都，武汉提出要打造支撑中部、辐射全国的概念验证高地。

（1）北京概念验证平台探索。2018年10月，北京市海淀区发布中关村科学城"概念验证支持计划"，旨在弥补高校、科研院所研发成果与市场化、产业化、成果化之间的空白，助力创新主体跨越科技成果转化"死亡之谷"。2024年10月，《中关村国家自主创新示范区优化创新创业生态环境支持资金管理办法》印发，明确提出支持科技成果概念验证平台建设。通过概念验证平台，紧密联系高校、科研院所、医疗卫生机构、企业等科技成果产出源头，提升科技成果成熟度，促成创办新企业，促进优秀科技成果开展验证并转化落地。采取事前补助方式择优给予支持，支持周期1年，单个平台每年支持金额最高不超过500万元，且项目自筹资金应不低于市财政经费。

（2）杭州概念验证平台探索。2022年11月，杭州首批15家概念验证中心授牌，包括杭州市国科新型储能材料概念验证中心、杭州市启真创新智能制造概念验证中心、杭州市北航智能无人系统概念验证中心、杭州市北大信研院视觉智能概念验证中心、杭州市浙大计创院大数据智能概念验证中心、杭州市浙大科创集成电路概念验证中心、杭州市之科控股先进制造工艺与装备概念验证中心、杭州市浙大高研院机电系统概念验证中心、杭州市光机所光电功能材料概念验证中心、杭州市华明超细粉末及复合材料概念验证中心等，覆盖智能物联、高端装备、新材料等领域。

（3）国内部分高校和科研院所概念验证探索。国内高校和科研院所在相关部门推动下，也在积极开展相关概念验证工作。清华大学、北京大学、北京航空航天大学、西安交通大学、上海师范大学、浙江大学和中国科学院等国内高校和科研机构成立了概念验证中心，为我国推动科技成果走向市场做了积极探索。2018年4月，西安交通大学依托国家技术转移中心成立全国高校首个"概念验证中心"，并成立专注于生物及环保、新材料等方向的微种子概念验证基金。2018年底，上海师范大学全球创新资本研究院设立高校概念验证示范中心，进行高校概念验证中心建设的体制与机制探索，并引进上海交通大学等重点高校和中原油田等的科技成果转化实践专家，聚焦新能源、新材料等重点科学领域，为高校科研人员提供成果转化的相关咨询和中介等服务。2019年10

月，"中关村科学城—北京航空航天大学概念验证中心"挂牌成立，为推动实验室成果走出实验室实现转化应用，在技术熟化阶段，提供概念验证支持。通过概念验证对原始创新成果进行资源条件匹配、高价值专利培育、应用研究预判、市场定位和商业谋划等全过程创新辅导，助力科研团队跨越科技成果转化"死亡之谷"，弥补科技成果转移转化链条最前端验证阶段的缺失。2020 年，在中国科学院科技创新发展中心和中关村科学城管委会的指导下，"CAS 概念验证中心"成立，旨在加强原始创新，促进基础研究项目向市场化成熟项目发展，聚焦科技成果转化的细分阶段，支持和培育一批中国科学院院内早期项目从实验室走向产业化。2020 年 11 月，北京清华工业开发研究院概念验证中心启动建设。概念验证中心由北京清华工业开发研究院牵头，联合清华大学技术转移研究院共同承担，清华大学技术转移研究院负责概念验证项目科研团队的遴选、专利等科技成果的管理，以及科技成果转移的校内审批流程。2022 年 6 月，北京大学第三医院与海淀区共建的中关村科学城—北京大学第三医院临床医学概念验证中心揭牌。该中心是国内首个基于医院建设的概念验证中心，将进一步完善医学科技创新链条，加速从想法到样品的路径，实现"0→1"的突破，促进更多优质的基于临床的科技成果转化落地。2022 年 10 月，浙江大学启真创新概念验证中心成立。该中心依托浙江大学前瞻性、颠覆性、战略性技术创新，深度链接浙江大学知识创新和技术创新成果到产品创新与市场落地，在生命健康、新材料、新一代信息技术、高端装备与制造、新能源、智慧海洋等战略性新兴领域，系统性推进科技成果产业化。

研究国外和国内概念验证中心的建设实践，我们从建设定位、建设主体、建设位置、建设团队和建设资金等几个方面介绍概念验证中心的主要特点：

（1）概念验证中心的建设定位：验证早期成果的可行性。为早期成果配置资金、开展技术与商业化验证，降低风险、验证可行性，并吸引进一步的投资，以打通科技成果转化的相关阻碍。概念验证中心除了提供验证基金，还提供创新创业专家咨询、创业培训教育、举办各类交流论坛等服务。

（2）概念验证中心的建设主体：多元主体，科研单位参与或主导。建设主体和发起单位通常是高等院校、科研机构、医疗卫生机构，或者与上述有千丝万缕关系的衍生企业。鉴于概念验证中心的定位和特点，多元主体建设的平台通常运作更为成功。

（3）概念验证中心的建设选址：选址需要紧邻科研单位。概念验证中心通常需要紧邻高校、科研院所和医疗卫生机构等科研单位，一般不将科研单位与概念验证中心分隔开来，允许在高校、科研院所和医疗卫生机构的实验室内进行概念验证。

（4）概念验证中心的建设团队：专业化概念验证团队是概念验证中心建设的关键。概念验证专业团队不仅需要对产品进行"量身定制"的市场评估和商业计划，还要从技术产品的概念研发阶段开始深挖其商业价值，并对研发团队给予系统性的创业教育和咨询辅导。

（5）概念验证中心的建设资金：需要多渠道筹措资金。概念验证中心主要的投入是验证基金和专业化人才引进等。概念验证中心的资金来源主要是财政支持、社会捐赠和资助项目反哺等，往往需要多渠道筹措。

概念验证中心要怎么建？概念验证中心建设需要具备资质、场地、项目、团队和资金等几个方面的条件，其中专业化的团队是概念验证中心建设的重中之重。建设一个概念验证中心大致可以分成以下七个步骤：

（1）明确概念验证中心的建设主体。概念验证中心可以依托高等院校、科研机构、医疗卫生机构、企业和社会组织等依法注册，由具有独立法人资格的单位建设。建议建设主体和发起单位是高等院校、科研机构或医疗卫生机构，或者与上述单位关系密切的企业和社会组织。

（2）具备建设概念验证中心的硬件。概念验证中心的场地选址通常需要紧邻高校、科研院所和医疗卫生机构，拥有相对固定的办公场所和概念验证专门用房，同时需要拥有可用于概念验证服务的配套设施。

（3）打造概念验证中心的专业团队。概念验证服务团队通常需要由来自学术界、产业界和投资界等的人才共同组成，提供概念验证项目场景对接、指导咨询、跟踪培训、交流推广和其他延伸配套服务。此外，还应建立概念验证项目遴选顾问专家团队，主要负责对概念验证项目库入库项目进行遴选和评价。

（4）明确概念验证中心的功能。概念验证中心要聚焦概念验证的核心功能，提供概念（项目）遴选识别、验证评估、价值分析、概念验证资金支持、创新创业专家咨询、创业培训教育和创业孵化等服务。

（5）建立概念验证中心的管理体系。概念验证中心应具备完善的运营管理体系和概念验证服务机制，制订完善的建设方案，具有明确的目标、完善的服务和运行管理制度。

（6）设立概念验证基金。概念验证中心除了要积极帮助验证项目争取政府科技部门的资金支持，一般还需要单独或合作设立概念验证基金，为验证项目提供一定数量的资金支持。概念验证中心的资金可以通过争取财政支持、社会捐赠和资助项目反哺等多渠道筹措。

（7）建立概念验证项目库。概念验证中心应建立概念验证项目库，有一定的入库项目，可以积极争取国家、省和市科技计划资金立项并通过验收的基础研究项目进入概念验证项目库，项目入库时要进行必要的遴选和评价。

概念验证在我国发展的时间较短，国内相关的研究和实践也比较少。从现有探索实践的情况来说，真正发挥的作用也是比较有限的，存在过于弱化或者夸大概念验证中心作用的情况，甚至还存在"挂着概念验证中心的羊头，卖着狗肉"的情况。概念验证中心要建得有成效，还是需要更系统的设计和思考，需要做好充分的和长期的困难准备，并在探索和实践的过程中不断完善。

## 十八、建设一个中试平台有五个关键点

中试是中间工厂试验的简称。中试就是小型生产模拟试验，是产品在大规模量产前的较小规模试验，是小试到工业化生产必不可少的环节。中试不是一次性的验证行为，而是一个从小批量试验到逐渐放大产品试验数量的循序渐进的过程。

《长沙市科技成果转化中试基地认定管理办法（试行）》指出，中试基地是具备固定场地、技术设备条件、中试服务能力，围绕尖端产品创制、概念产品试制、紧缺产品研制等中试需求，提供中试服务的产业化开放型载体，定位于创新链中下游，致力于实现"基础研究技术攻关技术应用成果产业化"全过程无缝连接，是从"研"到"产"的"中间站"和紧密连接创新链上下游的重要桥梁。

陕西省《加快中试基地建设 推进产业链创新链深度融合实施方案》指出，

中试基地是聚焦科技成果转化关键环节，为科技成果进行二次开发实验和企业规模生产提供成熟、适用、成套技术而开展中间试验的科研开发实体，是实现科技成果工程化、产品化、产业化的重要平台。其主要目的是打通从成果到样品、产品的通道，加速科技成果转化，促进产业链和创新链深度融合。

有数据显示，科技成果经过中试，产业化成功率可达80%；而未经中试，产业化成功率只有30%。可以说中试是科技成果转移转化的重要环节，对于降低科技研发成本，提高科技成果转移转化效率具有重要的意义。

近年来，国内各省市纷纷出台政策支持中试平台建设。如：2021年，中关村示范区领导小组印发《"十四五"时期中关村国家自主创新示范区发展建设规划》，提出要加大对中试转化的支持力度；2022年，辽宁出台《辽宁省中试基地建设发展实施方案（2022—2025）》；2022年，安徽印发《安徽省科技成果转化中试基地建设指引（试行）》；2022年，深圳印发《深圳市概念验证中心和中小试基地资助管理办法》；2023年，陕西印发《加快中试基地建设 推进产业链创新链深度融合实施方案》；2023年，四川成都高新区启动实施中试跨越行动计划，提出要设立50亿元中试平台建设基金，新建20个中试平台；2023年，武汉提出打造支撑中部、辐射全国的中试服务高地，重点新建10个中试平台；2023年，长沙印发《长沙市科技成果转化中试基地认定管理办法（试行）》。

目前中试平台建设面临什么问题？中试往往需要投入大量的人力、物力和财力，除了需要较大的资金投入，还需要具备包括实验室、中试车间、仓库等基本场地和试制生产设备和实验设备、在线检测设备等在内的设备条件，以及一定数量的专业中试人才，完善的管理和运行机制。中试是科技创新链条的重要组成部分，对加速成果转化为现实生产力十分重要，建设面临资金、专业人才缺乏，管理和运营机制不完善等问题，目前还在探索与实践的过程中。

建设一个中试平台需要具备独立法人资格、资金、场所、设备、人才和运行管理机制等几个方面的条件，其中设备和人才是中试平台建设的重中之重。建设一个中试平台，大致包括以下五个关键点：

（1）选择合适的中试平台建设主体。中试平台通常是具备独立法人资格的企事业单位，可以依托高等院校、科研院所、医疗卫生机构和新型研发机构建设，也可以是企业，或者是混合主体，通常需要具备较强的技术实力和资金实力。

（2）明晰中试平台的核心功能。中试平台要聚焦中试熟化的核心功能，为科技成果进行二次开发实验和企业规模生产提供成熟、适用、成套技术而开展中间试验的科研开发。

（3）具备建设中试平台的硬件。中试平台要具备相关行业综合性中间试验任务（工艺验证、放大生产、产品检测等）必需的专用设备、固定场地及配套设施，这部分是中试平台建设的关键之一，通常需要较大的资金投入。

（4）打造一支专业的中试团队。人才也是中试平台建设的关键之一。中试平台需要拥有与中试研究相适应的人才队伍，专业技术人才队伍结构合理，对相关领域中试研究工作熟悉，能组织制定科学合理的中试熟化方案和工艺规程及控制生产质量能力，具备中试研发服务能力。

（5）建立科学高效的中试平台管理体系。中试平台应具备完善的运营管理体系和中试的服务机制，制订完善的建设方案，具有明确的目标、完善的服务和运行管理制度。平台具有科学高效的管理机制，内部管理制度健全，有明晰的对外服务管理体系，严格规范的技术保密和知识产权管理制度，良好的产学研合作机制、利益共享机制。上述这些是中试平台能不能持续发展的关键。

我国现有的各类科技计划经费主要集中在科技成果的研发阶段，而对科技成果进入市场的中间环节，也就是科技成果转化的关键环节，如中间试验、工业化试验等投入不足。再加上中试横跨科技成果转化的科研与生产两大领域，具有长期性、不确定性、高投入、高风险性等特点，科研单位由于自身的经济、生产等各种条件有限，无力中试；企业由于对开发研究成果的技术、工艺没把握，不敢中试；风险资本由于中试风险大、效益差，不愿投资中试。以上这些都造成了我国中试环节薄弱的现状，已经在较大程度上影响了我国科技成果向现实生产力的转化。

另外，中试环节需要的人才既要具有很强的专业性，又要能够适应工程化和市场化的需求，目前我国还比较缺乏对于这类人员的培训系统和培养手段。所以相对于缺钱，中试平台更缺的是专业化的人才。

从现有探索实践的情况来说，绝大部分的中试平台除了存在资金不足和人才缺乏的问题，在运营机制上也不是十分明晰，面临着如何持续发展的困境。

我们认为，开放、具备资源整合能力，建立合理的利益分配机制（如中试成果共享）和带有投资功能的中试平台可能是"破局"的有效方式之一。

## 十九、区域选择科技成果转移转化平台的若干建议

有区县科技部门负责人表示，他们近期想推动建设一个科技成果转化平台，现在犹豫的是选择做什么。他想咨询我们，是建一个中试平台，还是概念验证中心，又或者是检验检测平台，或者别的什么平台。

什么是概念验证中心？概念验证中心一般是指依托具备基础研究能力的高等院校、科研机构、医疗卫生机构和企业，聚集成果、人才、资本和市场等转化要素，营造概念验证生态系统，加速挖掘和释放基础研究成果价值的新型载体。

什么是中试平台？中试平台一般是指具备固定场地、技术设备条件、中试服务能力，围绕尖端产品创制、概念产品试制、紧缺产品研制等中试需求，提供中试服务的产业化开放型载体，定位于创新链中下游，致力于实现"基础研究技术攻关技术应用成果产业化"全过程无缝连接，是从"研"到"产"的"中间站"和紧密连接创新链上下游的重要桥梁。

什么是检验检测公共技术服务平台？检验检测公共服务平台一般是指以质检系统或其他检验检测服务机构为主体，集聚社会资源，促进资源配置优化，实现线上线下一体化，为产业发展和技术创新提供检验检测服务的实体或联合体。

概念验证中心、中试平台和检验检测平台虽然都是科技成果转化的重要平台，但在建设定位、建设要求和建设投入等方面却有较大的区别。

（1）建设的定位不一样。概念验证通常聚焦是否可行和是否可以做出来，概念验证中心除了提供验证基金，还提供创新创业专家咨询、创业培训教育和举办各类交流论坛等。中试聚焦能否规模化和产品化，检验检测公共技术服务平台则是为产业发展和技术创新提供检验检测服务。概念验证相比中试，在科技创新的链条上更靠前，而检验检测可以贯穿科技创新的整个链条，既可以服务基础研究，也可以服务概念验证、中试和产业化。

（2）建设的要求不一样。概念验证中心更强调人的条件，强调"软"能力，要有专业团队负责对产品进行"量身定制"的市场评估和商业计划，从技

术产品的概念研发阶段开始深挖其商业价值，对研发团队给予系统性的创业教育和咨询辅导，这类人才通常偏向创业型人才。中试更强调物的条件，强调"硬"能力，必须具备固定场地、技术设备条件等能力，中试场地中好设备是硬性条件，当然专业的中试人才也很关键，目前国内很多中试平台运行不理想，缺乏中试人才也是重要原因之一。检验检测公共技术服务平台比中试更强调物的条件，高端的仪器装备是平台主要的核心竞争力之一，当然也离不开相应的测试人才。

（3）建设的投入不一样。概念验证中心主要的投入是验证基金和专业化人才引进等，通常资金投入比较小，而且通常会为概念验证的对象提供一定的概念验证资金。中试平台主要的投入是中试设备、场地和人才等，通常资金投入比较大，一般不会为中试的对象提供资金支持，经常还会收费。检验检测主要投入的是仪器设备，通常资金投入比较大，后续通过提供相应的测试收费。另外，概念验证中心的资金来源主要是财政支持、社会捐赠和资助项目反哺等，而中试的资金来源更多的需要自筹，当然财政支持也是重要的收入来源，以及提供中试服务的收费，或者中试成功后与委托方共享中试成果，检验检测公共技术服务平台的投入较大，通常财政部门是主要的投入方，主要收入就是收取检验检测的相关费用。

不管是中试平台，还是概念验证中心，或者是检验检测平台，又或者其他平台，都是科技成果转化的重要平台，都很好，不能绝对地说出哪个更好。在现实中，碍于时间、精力和资源等限制，没办法什么都做，因此必须有所选择。那么如何选择呢？

区县通常产业都相对单一、创新资源相对不足、财力也相对较弱，布局中试和检验检测平台通常会面临"一次性投入大、创新专业人才不足、后续运营发展效果不佳"等问题，建议可以重点考虑布局概念验证平台。

概念验证在国内发展时间并不长，区县一级试点的更是少之又少，甚至有些业内人士对其能发挥的作用表示质疑。为此，建议区县概念验证平台的搭建要创新体制机制，具体要做好以下六点：

一是概念验证平台定位要清晰，提供的应该是"是否可行和是否可以做出来"的验证服务，不要想只建设一个概念验证中心就能解决中试和检验检测的问题，最后变成"三不像"，或者变成"挂羊头卖狗肉"。

二是概念验证平台领域要聚焦，要聚焦区域的产业特色，发挥区域产业优势，最终验证成功的项目也能服务区域产业发展。

三是概念验证项目的论证和立项支持要尽可能简化，要区别于一般科技项目的立项要求、过程管理和验收结题，本身支持的资金就不多，如果和一般的科技项目一样复杂，就很难有吸引力。

四是努力发挥相关企业的积极性，让企业深度参与概念验证项目的论证和验证，协助提供验证的设备、场地和服务，验证成功的项目后续可以直接在企业落地。

五是要宽容失败，努力吸引高校、科研院所、医疗卫生机构相关团队的早期项目进行概念验证，一次性几万元到数十万元的概念验证投入最终即使失败了，就当作邀请专家团队过来考察、对接和指导。

六是对概念验证成功的项目除了要能滚动支持，还要积极帮助对接企业、产业和资本资源，为项目进一步在区县落地转化提供全方位服务。

## 二十、地方建设发展新型研发机构的一点建议

近期，有好几位在新型研发机构工作的人反馈，新型研发机构现在真的很难，用"寒冬"来形容一点也不夸张。对他们来说，当下不是为了理想而奋斗，而是为了活下来而拼尽全力。

夸张还是现实？个案还是普遍？新型研发机构的"寒冬"真的来了吗？

这些年，新型研发机构顶着"机制活"的光环，以无行政级别、无事业编制、无财政拨款的"三无"和不完全像高校、科研院所、企业和事业单位的"四不像"为主要特点，凭借全新的组织形式和体制机制，得到了广泛的关注和支持，短期内快速生长并发展，成为区域乃至国家创新驱动发展的活跃力量。

科技部《2022年新型研发机构发展报告》显示，截至2021年底，全国共有大大小小的新型研发机构2412家，同比增长12.7%，2021年，平均每4天就有3家新型研发机构诞生。这些新型研发机构在深化政产学研合作、体制机制创新、关键核心技术攻关和科技成果转化等方面发挥了积极作用。

不少新型研发机构从"一张白纸"开始，通过"突击招进一大票人马、购买一大批先进仪器、什么热门就去研究什么"的做法，短期之内，楼盖了、人来了、仪器有了，规模也上来了，吸引了眼球。但在快速生长的过程中，或多或少都存在一些亟待破解的突出问题，如顶层设计不足、定位不清、高层次人才缺乏、自我"造血"功能不强等问题，想要在日益激烈的科技竞争中生存和发展，并不容易。

"所谓大学者，非谓有大楼之谓也，有大师之谓也"。新型研发机构有了大楼，有了先进设备，但是地方所期待的大成果有显示度的成果却少之又少，地方所要求的自我"造血"的能力也是求之而不得，地方所设想的反哺地方财政更是"水中月镜中花"。时至今日，财政吃紧，或者地方政府换届，再或者考核期内指标没有完成……总之，结果就是财政拨款要缩减甚至要取消，"寒冬"突然就来袭，既在意料之外，也在意料之中。

有些新型研发机构当时因为保留了一定的行政级别，有一定的固定财政拨款，被同行们嘲笑是"另类"，是温室里的"花朵"，现如今还远不到30年，就从"河东"变成了"河西"，他们暗自庆幸，至少在这么困难的情况下，基本工资还是可以发出去的。

其实，眼下有些过得还好的新型研发机构也开始大喊要具备"寒冬"意识。以某新建的新型研发机构为例，共建的时候，地方明确将提供六年的稳定支持，但在他们内部，领导明确提出要以三年内实现"自我造血"为奋斗目标，更是不断地要求上上下下都要认真思考自己的"不可替代"性，如何才能在当今竞争愈发激烈的环境下不被替代。

不可否认，新型研发机构需要"物竞天择，适者生存，优胜劣汰"。确实有不少优秀的新型研发机构，在残酷的竞争中不断成长，不断壮大，成为了区域乃至国家创新驱动发展的重要力量，而那些真正没有建设好的，确实就应该被淘汰。

但我们还是建议，除了认真宣传和总结那些做得好的新型研发机构，更要去反思那些发展不好的新型研发机构为什么发展不好的深层次原因，真的只是新型研发机构本身的问题吗？

另外，我们也呼吁，不要盲目跟风地去建设新型研发机构，更不要随意地就放弃对新型研发机构的支持。随意丢弃尚在"襁褓"之中的新型研发机构，让他们独自去迎接"寒冬"，可能无异于"遗弃"。新型研发机构要么就不建设，建设了还是要争取努力建设好。应着力优化顶层设计、加快成果转化、引进培养顶尖人才、增强自我"造血"能力、推进跨界融合，全力助推新型研发机构提质增效。

想清楚了，"寒冬"就不可怕，就不是"深渊"，而是"阶梯"，是通往春天的"阶梯"；没有想好，"寒冬"可能才刚刚开始，而且很可能就是"坟墓"。

# 第六部分

技术经理人提升指引

　　技术经理人要如何提升科技成果转移转化能力？至少包括以下五种方法：参加相关培训，取得技术经理人（技术经纪人）相应证书；学习科技成果转移转化相关政策、规范、标准，通过书籍和网络，习得科技成果转移转化通识知识；进行科技成果转移转化相关学历教育，系统学习科技成果转移转化知识；申报科技成果转移转化人才计划、项目、标准和进行相关职称评审，参加比赛，获得关注和认可；投身科技成果转移转化的工作实践，在实践中不断提升科技成果转移转化能力。

# 一、参加科技成果转移转化学习培训

近年来，全国各地的科技部门、行业协会、中介机构和企业等举办了众多的科技成果转移转化人才培训班，通过这些培训，每年都有很多人开始从事技术经理人这个职业。

国家技术转移人才培养基地是按照"市场主导、政府引导"的原则，充分发挥技术转移服务机构、行业协会等社会力量作用，为满足科技成果转移转化需求、公益性与市场化相结合的，并经火炬中心认定的规范化、制度化培养我国技术转移从业队伍的机构。2021年5月26日，火炬中心印发了《国家技术转移人才培养基地工作指引（试行）》。

2015年12月30日，火炬中心公布了第一批共11个国家技术转移人才培养基地名单（见表6-1）。2020年3月12日，火炬中心印发了《国家技术转移专业人员能力等级培训大纲（试行）》。2020年7月15日，火炬中心公布了第二批共25个国家技术转移人才培养基地（见表6-2），加上2015年第一批备案的基地，目前全国基地已达到36个。

表6-1 第一批国家技术转移人才培养基地名单

| 序号 | 建设单位 | 依托机构 | 管理部门 |
|------|----------|----------|----------|
| 1 | 国家技术转移集聚区 | 北京技术交易促进中心 | 北京市科委 |
| 2 | 国家技术转移南方中心 | 深圳市技术转移促进中心 | 深圳市科创委 |
| 3 | 国家技术转移东部中心 | 上海杨浦科技创业中心有限公司 | 上海市科委 |
| 4 | 国家技术转移中部中心 | 湖北省技术市场协会 | 湖北省科技厅 |
| 5 | 国家技术转移西南中心 | 四川省技术转移中心 | 四川省科技厅 |
| 6 | 国家技术转移西北中心 | 西安技术经理人协会 | 陕西省科技厅 |
| 7 | 国家技术转移东北中心 | 吉林省技术产权交易中心有限公司 | 吉林省科技厅 |
| 8 | 国家技术转移海峡中心 | 福建海峡技术转移中心 | 福建省科技厅 |
| 9 | 国家技术转移苏南中心 | 苏州市生产力促进中心 | 江苏省科技厅 |
| 10 | 国家技术转移郑州中心 | 河南省科学技术信息研究院 | 河南省科技厅 |
| 11 | 国家海洋技术转移中心 | 青岛市科技创业服务中心 | 青岛市科技局 |

表6-2　第二批国家技术转移人才培养基地名单

| 序号 | 依托机构 | 管理部门 |
|---|---|---|
| 1 | 天津市科技创新发展中心 | 天津市科技局 |
| 2 | 河北省协同创新中心（科技大厦） | 河北省科技厅 |
| 3 | 太原技术转移促进中心 | 山西省科技厅 |
| 4 | 内蒙古工业大学 | 内蒙古自治区科技厅 |
| 5 | 东北科技大市场 | 辽宁省科技厅 |
| 6 | 黑龙江省科技成果转化中心 | 黑龙江省科技厅 |
| 7 | 江苏省技术产权交易市场 | 江苏省科技厅 |
| 8 | 浙江省科技评估和成果转化中心 | 浙江省科技厅 |
| 9 | 安徽创新馆服务管理中心 | 安徽省科技厅 |
| 10 | 南昌市科技成果转化协会 | 江西省科技厅 |
| 11 | 山东省技术市场协会 | 山东省科技厅 |
| 12 | 湖南省科技成果与技术市场协会 | 湖南省科技厅 |
| 13 | 东莞松山湖高新技术产业开发区科技成果转化中心 | 广东省科技厅 |
| 14 | 广西东盟技术转移中心 | 广西壮族自治区科技厅 |
| 15 | 中国热带农业科学院 | 海南省科技厅 |
| 16 | 重庆市科学技术研究院 | 重庆市科技局 |
| 17 | 贵州省生产力促进中心 | 贵州省科技厅 |
| 18 | 云南省科学技术情报研究院 | 云南省科技厅 |
| 19 | 兰州科技大市场 | 甘肃省科技厅 |
| 20 | 青海省生产力促进中心有限公司 | 青海省科技厅 |
| 21 | 宁夏职业技术学院 | 宁夏回族自治区科技厅 |
| 22 | 塔里木大学 | 新疆生产建设兵团科技局 |
| 23 | 大连市创新创业创投服务中心 | 大连市科技局 |
| 24 | 厦门产业技术研究院 | 厦门市科技局 |

| 序号 | 依托机构 | 管理部门 |
|------|----------|----------|
| 25 | 宁波市生产力促进中心 | 宁波市科技局 |

2023 年 3 月 14 日，火炬中心发布的《高质量培养科技成果转移转化人才行动方案》提出，到 2025 年，全国建成人才培养基地超过 50 个。

目前只有上述这些经火炬中心认证的国家技术转移人才培养基地，才是规范化、制度化培养我国技术转移从业队伍的机构，经过培训后发的相应证书也才是火炬中心认可的证书。所以，建议在选择科技成果转移转化培训机构时，要重点关注举办单位中是否包含这些机构。简单地说，这些机构举办的科技成果转移转化培训是相对正规和规范的，颁发的证书也是传统意义上经社会认可的证书。

当然，我们也认为，证书管用，不代表能学到管用的知识。同样的道理，证书不管用，不代表学到的知识不管用。目前市面上，也有不少连证书都不会颁发，却非常实用的科技成果转移转化培训。这些也是我们认为的管用的科技成果转移转化培训。

## 二、学习科技成果转移转化政策、规范、标准等知识

科技成果转移转化的知识更新换代快，知识更新的要求高。技术经理人要做好科技成果转移转化，要经常通过自学科技成果转移转化政策、规范、标准等知识，进行科技成果转移转化知识的更新和调整。

一是技术经理人要经常学习科技成果转移转化相关政策。近年来，国家及各省市不断有科技成果转移转化相关政策出台，据不完全统计，截至 2023 年底，国家各部委及各省市科技成果转移转化的有关政策数量超过 800 个，技术经理人只有通过不断的学习、积累和研究，才能跟上政策的变化。

二是技术经理人可以学习科技成果转移转化相关规范、标准。据不完全统计，截至 2023 年底，国内科技成果转移转化相关标准数量超过 100 个。建议技术经理人重点学习《技术转移服务规范》（GB/T 34670—2017）等规范和标准。

三是技术经理人可以通过相关书籍学习。目前与技术经理人培训、科技成果转移转化相关的书籍有几十种，建议技术经理人在掌握一定的科技成果转移转化理论的基础上，侧重选择实操性的书籍进行学习。

四是技术经理人可以关注一些科技成果转移转化网站和微信公众号。想要保持对知识的更新，碎片化阅读就显得尤为重要，而关注一些更新及时的科技成果转移转化网站和订阅优秀的科技成果转移转化微信公众号，利用碎片化的时间学习就是一种很好的方式。

五是技术经理人要向实践学习，向团队学习。技术经理人在学习时，既要向书本学习，也要向实践学习，既要向一线的技术经理人学习，向专家学习，也要向国外有益的经验学习。

## 三、参加科技成果转移转化学历教育

技术经理人除了通过参加培训和自学相关政策、规范、标准等知识提升科技成果转移转化能力，也可以通过参加科技成果转移转化学历教育，系统学习科技成果转移转化知识。

2017年9月，《国务院关于印发国家技术转移体系建设方案的通知》（国发〔2017〕44号）建议"鼓励有条件的高校设立技术转移相关学科或专业，与企业、科研院所、科技社团等建立联合培养机制"。

2020年5月，科技部、教育部印发《关于进一步推进高等学校专业化技术转移机构建设发展的实施意见》的通知，"鼓励有条件的高校开设科技成果转移转化相关课程，开展技术转移专业学历教育，加速高层次技术转移人才培养"。

《关于政协十三届全国委员会第三次会议第3185号（教育类300号）提案答复的函》（教科技提案〔2020〕151号），对"关于加强我国科技服务业转移经理人培养的提案"进行答复。答复表示，教育部支持高校开展技术转移学历教育。答复透露，为推动学位授予单位快速响应国家对高层次人才的需求，加强新兴交叉学科发展，国务院学位委员会、教育部印发的《学位授予和人才培养学科目录设置与管理办法》，支持学位授予单位在获得授权的一级学科下自主设置与调整二级学科和按二级学科管理的交叉学科，加强技术转移、专利技术交易等相关领域高层次复合型人才培养，主动服务经济社会发展对技术转移专业人才的需求。

据不完全统计，截至 2023 年底，我国已有北京大学、清华大学、北京理工大学、湖南大学、常州大学、上海交通大学、同济大学等高校准备开展科技成果转移转化人才培养工作。

2020 年，常州大学开始依托工程管理硕士（MEM）招收技术转移专业方向研究生，学制三年。

北京理工大学作为技术转移专业研究生培养试点高校，自 2020 年起将技术转移方向研究生纳入工商管理硕士（MBA）项目进行培养。北京理工大学受北京市教委委托，作为开展技术转移方向研究生教育改革的试点高校，管理学院则承担了此项试点的具体工作。该学院在现有工商管理硕士的优势资源和丰富经验的基础上，扎实推进相关工作，将该方向 MBA 研究生的培养作为该学院专业学位创新发展的契机，使该学院专业学位研究生教育再上新台阶。

2021 年，清华大学五道口金融学院依托金融硕士（MF）设立非全日制技术转移硕士项目，首年一共有 262 名考生申请该项目，来自科技创新、经济金融和公共服务领域，并以单独考试形式参加初试选拔。该项目首届计划招收 30人，录取学生 2021 年秋季入学。清华大学五道口金融学院非全日制金融硕士（技术转移）项目是国内首个聚焦科创与金融深度融合的硕士学位项目，采用非全日制培养方式，学制 2～3 年，一般安排周末集中授课，达到培养方案要求并通过学位论文答辩、符合清华大学学位授予规定的学生，可获得清华大学硕士研究生毕业证书和金融硕士学位证书。

2021 年，同济大学与国家技术转移东部中心合作，从 MBA 或 MPA 方向硕士研究生中遴选人员，以实证教学方式开展技术转移专项培养。

2021 年 9 月，上海交通大学以"工商管理（技术转移方向）"招收首批 61名非全日制专业硕士研究生。2022 年 7 月，国务院学位委员会正式发文，授权上海交通大学增列全国首个技术转移专业硕士学位点，标志着全国首个技术转移硕士项目正式启动。

2023 年，浙江大学工程管理专业于 2023 级增设技术转移研究方向，主要面向集成电路、人工智能、电子信息、生物医药、生命健康、汽车、高端装备、先进材料等国家发展关键行业，填补技术转移紧缺人才缺口。针对制造工程领域、建设工程领域和信息工程领域中的技术转移及其管理问题，开展面向应用的课程与实践教学和研究工作，培养学生在相关工程领域实际开展技术转移组织和管理工作的能力。

2023 年，南开大学围绕金融更好服务实体经济，金融支持科技创新，在金融学院开辟"技术转移与科创金融"新方向，将金融人才培养与科技成果转化项目实践相结合，培养具有金融思维、熟悉科技趋势、了解成果转化、具备商业管理能力的交叉复合型人才，通过金融助力科技成果商业化的全流程能力塑造，实现科技创新与金融的贯通融合。

2024 年 6 月 30 日，上海交通大学首届技术转移硕士（MTT）毕业典礼隆重举办，教育部副部长、上海交通大学校长亲临毕业典礼。

## 四、申报（参加）科技成果转移转化项目、标准、职称、人才计划和比赛

相比收入，科技成果转移转化从业人员更需要的是认可、肯定和尊重，解决了从业人员的认可度问题，不仅能让当前从事科技成果转移转化的人获得认同，也会让更多优秀的人才去从事科技成果转移转化的工作，从而带动科技成果转移转化事业的发展。技术经理人申报科技成果转移转化项目、标准、职称、人才计划和参加比赛，不仅有助于自身科技成果转移转化能力的不断提升，也有助于获得社会各界的更多关注和认可。

为遴选一线从事科技成果转移转化工作的优秀代表，中国科学技术协会"科创中国"平台发布了"技术经理人先锋榜"。全国已有江苏、湖北、陕西等多个省市开展了科技成果转移转化和技术经理人大赛或评选类的活动。

《高质量培养科技成果转移转化人才行动方案》提出"将高层次技术转移人才纳入国家和地方高层次人才特殊支持计划"。全国已有北京、陕西、成都等省市出台了推动技术经理人队伍建设的行动计划、认定工作指引等专项政策，北京、上海、山东、广东等省市把技术转移人才纳入相关人才计划，如：北京把技术经理人纳入中关村"高聚工程"高端领军人才；上海把技术经理人

纳入东方英才计划领军项目（原上海领军人才）；山东省印发了《关于进一步加强技术经理人队伍建设工作的通知》，指出技术经理人队伍是科技人才队伍的重要组成部分；2022年，广东省公布最新修订的《广东省科学技术奖励办法》，增设科技成果推广奖，授予将优秀科学技术成果大规模推广应用于广东省经济和社会发展，取得显著经济效益、社会效益、生态环境效益，并促进广东省区域协调发展的个人、组织。

此外，也有很多省市设置了科技成果转移转化和技术经理人相关的科技计划项目。业内也有很多技术经理人，参与了各类科技成果转移转化类标准、规范和政策的制定。

另据不完全统计，截至2023年底，全国已有西安、成都、北京、湖北、辽宁、天津、山东、福建、宁夏、江苏等多省市出台有关科技成果转移转化人才职称评审管理办法，并已有北京、山东、福建等省市的一些技术经理人通过了相关评审并取得高级职称（见表6-3）。

表6-3 各地技术经理人相关职称评定政策

| 区域 | 政 策 | 层级设置（由低到高） |
|---|---|---|
| 北京市 | 《北京市工程技术系列（技术经纪）专业技术资格评价试行办法》 | 助理工程师、工程师、高级工程师、正高级工程师 |
| 湖北省 | 《湖北省自然科学研究系列专业技术职务任职资格申报评审条件（试行）》 | 研究实习员、助理研究员、副研究员、研究员 |
| 宁夏回族自治区 | 《宁夏回族自治区工程系列技术经理人专业职称评审条件（试行）》 | 助理工程师、工程师、高级工程师、正高级工程师 |
| 辽宁省 | 《辽宁省科技服务人员技术经纪专业技术资格评定暂行办法》 | 助理级职称、中级职称、副高级职称 |
| 黑龙江省 | 《黑龙江省深化工程技术人才职称制度改革实施方案》 | 技术员、助理工程师、工程师、高级工程师、正高级工程师 |
| 山东省 | 《山东省自然科学研究系列技术经纪专业职称评审标准条件（试行）》 | 研究实习员、助理研究员、副研究员、研究员 |
| 河北省 | 《河北省工程系列技术经纪专业职称申报评审条件（试行）》 | 高级工程师、正高级工程师 |

续表

| 区域 | 政　策 | 层级设置（由低到高） |
|------|--------|---------------------|
| 四川省 | 《四川省自然科学工程技术人员职称申报评审基本条件（试行）》 | 研究实习员、助理研究员、副研究员、研究员 |
| 天津市 | 《天津市人社局市科技局关于开展技术经纪专业职称评价工作的通知》 | 技术员、助理工程师、工程师、高级工程师、正高级工程师 |
| 上海市 | 《上海市高新技术成果转化类工程经济复合型高级专业技术职务（高级经济师）任职资格评审》 | 正高级工程师、高级工程师 |
| 成都市 | 《成都市技术经纪专业技术人员职称评定办法》 | 助理工程师、工程师 |
| 安徽省 | 《安徽省自然科学研究系列技术经纪专业职称评审标准条件（试行）》 | 研究实习员、助理研究员、副研究员、研究员 |
| 广东省 | 《广东省技术经纪工程技术人才职称评价标准条件》 | 技术员、助理工程师、高级工程师、正高级工程师 |
| 福建省 | 《福建省技术经纪专业技术职务任职资格评审条件》 | 研究实习员、助理研究员、副研究员和研究员 |

职称评审是为了解决科技成果转移转化从业人员的认可度问题，但是解决科技成果转移转化从业人员的认可度问题并不是简简单单地给了职称就能解决的。职称评审条件不能太高更不能太低，高了起不到激励作用，低了没含金量，只有合适的职称条件才能真正发挥作用；另外，职称的高低不完全代表水平的高低，设计了合适的条件后，给了科技成果转移转化从业人员合适的职称后，还要有一些配套的举措，如合适的奖惩政策、定期的培训、定期的对接活动，给合适的人合适的职称，在合适的实践中发挥合适的作用。

## 五、投身科技成果转移转化工作实践

科技成果转移转化是一项实践性非常强的工作，技术经理人提升能力最有效、最直接的方式就是投身实践，在科技成果转移转化的实践中不断提升科技成果转移转化能力。

有一项数据表明，优秀的技术经理人通常需要 8 年及以上的工作经验。从某种程度上来说，优秀的技术经理人通常也是具有丰富实战经验的人才。所以，优秀的技术经理人不是课堂中教出来的，而是在从事科技成果转移转化服务工作的探索和实践中锻炼出来的。

技术经理人想要做好科技成果转移转化，不仅需要技术对接、技术撮合、技术评估等表面的、可见的"水上冰山部分"能力，更需要具备整合成果、资金、人才、信息、管理、基础设施、市场等多要素的能力，看好并热爱科技成果转移转化，不畏困难，有团队协作精神等内在的、隐藏的"水下冰山部分"的能力（见图 6-1）。

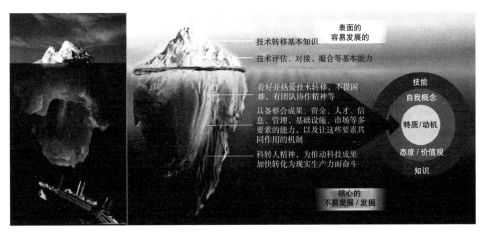

**图 6-1 科技成果转移转化"水下冰山"示意图**

从一定程度上说，"水下冰山部分"决定了"水上冰山部分"，"水下冰山部分"的能力素质决定了科技成果转移转化的能力，只有提升科技成果转移转化"水下冰山部分"能力水平，才能做好科技成果转移转化。

"水下冰山部分"能力水平是需要技术经理人在长期的一线科技成果转移转化的探索实践中才能逐步完善的。建议技术经理人要以需求和问题为导向，根据科技成果转移转化中碰到的问题，组建服务团队、设计转移转化方式、对接资源，在解决科技成果转移转化问题和任务的实践中，能力水平不断提升。

虽然优秀的技术经理人不是课堂教出来的，但不代表培训就没有用。目前来看，很多优秀的技术经理人刚刚接触科技成果转移转化就是通过培训（或课堂）。在此基础上，结合从事科技成果转移转化的服务，通过自学，参加比赛，申报项目、标准、职称、人才计划等，边探索、边实践、边提升，逐步成长为复合型科技成果转移转化人才。

## 六、技术经理人能力提升的常见问题

技术经理人培训最应该教什么？技术经理人培训能不能跳级培训？技术经理人高级证书就是科技成果转移转化高级职称吗？目前的技术经理人培训存在哪些问题？火炬中心对国家技术转移人才培养基地人才培养工作有哪些新的要求？技术经理人培训能不能收费？该不该收费？把技术经理人培养当作一个赚钱的业务可行吗？ 技术经理人培训与培养，一字之差，差在哪儿？ 如何看待相关省市的技术经理人大赛或评选之类的活动？

### （一）技术经理人培训最应该教什么？

当前大多数省市技术经理人相关培训的课程，都是以火炬中心组织有关单位编制完成的《国家技术转移从业人员能力等级培训大纲（试行）》为依据，分初级、中级和高级，共 56 个必修课时和 10 个选修课时。

我们认为，上面所述的科技成果转移转化知识固然重要，但其实更重要的是科技成果转移转化理念。所谓科技成果转移转化的理念，简而言之就是科技成果转移转化的看法和思想，是对科技成果转移转化的认识。如：正确看待技术经理人在科技成果转移转化中的作用，既不是不可或缺的，更不是无所不能的；正确看待如何建立科技成果转移转化人脉，人脉很重要，但更重要的是用得上的人脉；正确看待技术经理人个人和团队的作用，科技成果转移转化带头人很重要，但更重要的是能力互补的团队……

想要做好科技成果转移转化，首先就要有正确的理念，要做到真正了解科技成果转移转化，了解现状、挑战和机遇。在此基础上，才能去谈怎么去做科技成果转移转化，再去谈怎么把科技成果转移转化做好。因此，我们认为，科技成果转移转化培训要想更有成效，传授知识固然重要，但其实更重要的是传授正确的科技成果转移转化理念。

## （二）技术经理人培训能不能跳级培训？

在《中华人民共和国职业分类大典（2022 年版）》把"技术经理人"作为新职业纳入第二大类"专业技术人员"后，技术经理人职业引发普遍关注。此后，能够明显感觉到关于"技术经理人培训班"的火爆程度。

正因为此，就有不少人不想错过"机遇"，想"速成"。但是很遗憾地告诉这些人，技术经理人不能跳过初级和中级，直接"考个"高级的证书。而且不夸张地说，如果有这种急躁心态，即使有了高级技术经理人的证书也没有任何用。

《国家技术转移专业人员能力等级培训大纲（试行）》把技术转移从业人员能力分成初级、中级和高级，每一个级别都有相应的培训要求。

从大纲我们也可以明显看出，科技成果转移转化的知识具有综合性、专业性和动态性等特点，无法速成。科技成果转移转化人才的培养是循序渐进的，每个层级学习的内容也是没有重复的，是逐步递进的，每个层级的培训课时也有明确的要求。

我们再从科技成果转移转化需要具备的能力来看，技术商品不同于其他普通商品，技术本身往往很难被理解，而且技术的交易过程通常需要一段较长的时间，因此对从事科技成果转移转化的技术经理人能力的要求比较高。

《中华人民共和国职业分类大典（2022 年版）》对技术经理人的主要工作任务进行了界定。从这些主要任务我们可以简单总结出，技术经理人需要具备一定的信息挖掘能力、评估判断能力、营销推广能力、组织协调能力和学习研究能力等能力，需要集聚成果、需求、科研单位、企业、专家等对接资源。上述这些都需要技术经理人在工作实践中不断地练就和集聚，都需要时间的沉淀，不能速成。

## （三）技术经理人高级证书就是科技成果转移转化高级职称吗？

经过学习和考试，很多技术经理人获得了国家技术转移人才培养基地颁发的高级技术经理人证书，这个证书是不是就是对应现在有些省市推出的科技成果转移转化高级职称？

答案是否定的。国家技术转移人才培养基地颁发的初级、中级、高级技术经理人证书，和相关省市推动的科技成果转移转化人才初级、中级和高级职称没有必然联系。简单来说，初级技术经纪人可能是高级职称，而高级技术经理人却可能是初级职称。

当然，据我们了解，目前有不少省市把是否取得国家技术转移人才培养基地颁发的相关证书，作为参评科技成果转移转化职称的重要依据，甚至是必备条件。

2021年，山东省科学技术厅、山东省人力资源和社会保障厅印发了《山东省自然科学研究人员职称评价标准条件（试行）》的通知（鲁科字〔2021〕146号）明确，取得山东省或国家技术转移专业人员能力初级培训证书可用于研究实习员（初级）职称评定；取得国家技术转移专业人员能力中级培训证书可用于助理研究员（中级）职称评定，取得国家技术转移专业人员能力高级培训证书可用于副研究员（副高级）职称评定。

2022年新制定的《宁夏回族自治区工程系列技术经理人专业职称评审条件（试行）》明确，初级、中级和高级职称分别把取得国家技术转移专业人员能力等级培训结业证书设为硬性条件。

2022年新出台的《福建省技术经纪专业技术职务任职资格评审条件》（闽科规〔2022〕11号）明确，已完成国家技术转移专业人员能力等级培训可作为业绩参考依据。

### （四）目前的技术经理人培训存在哪些问题？

有业内人士总结，目前市面上的技术经理人培训存在以下四方面的问题：

一是培育机构准入门槛较低。在网上搜索"技术经理人培训"相关资讯就有成千上万条，培训活动的组织机构有科技部门、高校、科研院所、科技成果转移转化平台、行业协会和市场化科技成果转移转化机构等。整体来说，培训机构准入门槛低或者未设置准入门槛，各种各样的机构较易开展技术经理人培训，并颁发相关证书。

二是培训内容偏离相关标准。目前市面上缺乏紧扣《国家技术转移从业人员能力等级培训大纲（试行）》的技术经理人培训内容。虽然一些技术经理人的培训注明使用了此大纲，但在具体的培训活动中，不少课程除了课程名称与该大纲所列名称一样，内容与其相关度不大。甚至还存在授课教师在培训班上借机打小广告，用以推广自身业务的情况。

三是培训师资水平参差不齐。技术经理人是一个实践性非常强的职业，作为授课教师既要有深厚的理论功底，更要有丰富的实践经验，做出过优秀的业绩。我们调研了近期相关区域的技术经理人培训活动，发现有不少培训活动的授课教师缺乏相关的从业经历。主办方在授课教师的遴选上存在一定的随意性，授课教师在接受邀请时也没有"量力而行"。

四是培训目标重数量轻质量。技术经理人是一种复合型人才，培养难度大、周期长。我们调研发现，不少技术经理人培训活动的目标不是非常清晰，存在一味追求短期数量而不注重长期质量的情况，甚至有些省市把参加技术经理人培训的人数作为衡量培养质量高低的标准，把争取更多的人参加培训作为人才培养的工作目标和工作业绩。

我们认为做好技术经理人培训，需要专业的培训机构、规范的培训教材、高水平的培训师资和清晰的培养目标，理论和实践结合，使培训的技术经理人更"名正言顺"，更"名副其实"。

**（五）火炬中心对国家技术转移人才培养基地人才培养工作有哪些新的要求？**

国家技术转移人才培养基地是经火炬中心认定的规范化、制度化培养我国技术转移从业队伍的机构，近年来在培养科技成果转移转化人才方面作出了很多积极的贡献。但部分基地在发展的过程中，也存在一些不规范的地方。

2022年5月26日，火炬中心印发的《国家技术转移人才培养基地工作指引（试行）》要求，国家技术转移人才培养基地应严格遵守继续教育法规和政策，加强培训过程管理和质量监控，持续强化师资队伍建设，构建本地区技术转移人才培训体系，逐步形成技术转移专业培训品牌。同时强调，要对国家技术转移人才培养基地实行考核评价制度，每两年考核评价一次。考核评价工作由科技部火炬中心组织实施，主要考核培训绩效、诚信记录等内容。考核评价结果分为优秀、良好、合格和不合格，面向社会公开发布。对考核评价结果为优秀的国家技术转移人才培养基地进行模式和经验推广，优先承办国家技术转移培训任务；对考核评价结果为不合格的，责令其限期整改。

《"十四五"技术要素市场专项规划》也指出，要加强对技术转移人才培养基地动态管理，建立绩效考核和优胜劣汰机制。对技术转移人才培养基地的绩效考核主要包括培训绩效、诚信记录等内容。

《高质量培养科技成果转移转化人才行动方案》明确，要规范引导培训行为。该方案同时提出，要加强培训过程管理和质量监控，形成一批示范性、标杆性培养基地。

只有规范有序的培训才能保证培训质量，也才能将培养的人才有效配置到科技成果转化和产业化的各个关键环节，才能实现以人才结构的优化和素质的提高带动科技成果转化和产业化水平的提升。

### （六）技术经理人培训能不能收费，该不该收费？

技术经理人培训属于科技服务，科技服务是有价值的，收费是正常的。市场上有一些技术经理人相关培训虽然是"免费"的，但并不是真正的"免费"，相当一部分是科技部门"买单"了，或者培训组织单位通过"免费"培训，推广自身的一些产品。因此，我们认为，与其问该不该收费，更应该问值不值得收费。物无所值的培训，应该坚决反对；反之，物有所值或者是物超所值的培训，就是再高的收费，也会有人愿意参加，而且这种培训很快就能形成口碑，会有越来越多的人参加。

有没有必要花钱上个培训班，考个技术经理人的证书？我们认为，技术经理人的证书有需要，但非必要。证书是为了更好地证明服务能力，不能为了证书而"证书"。至少在当前，没有技术经理人的证书也不太影响从事技术转移工作。即使有了证书，也不能说明太多事情，高级技术经理人的证书和科技成果转移转化能力的高级完全是两回事。

### （七）把技术经理人培养当作一个赚钱的业务可行吗？

近年来，社会对科技成果转移转化人才的需求日益旺盛。从国家层面到各地方纷纷出台了一系列的支持和激励举措，也因此越来越多的人看好科技成果转移转化，并投身科技成果转移转化。为满足上述需求，各省市关于技术经理人的相关培训是一场接着一场地办，而且都比较火爆。但是想要把技术经理人培训作为一个业务来做，至少要先回答以下两个问题：

一是如何找到依托单位。不可否认，不少人参加培训想提升自己，但是更多人培训就是冲着"技术经理人"的证书来的。国家技术转移人才培养基地是经火炬中心认定的规范化、制度化培养我国技术转移从业队伍的机构。目前全国已有36家国家技术转移人才培养基地。所以，想要做技术经理人培训的业务，就要想办法和上述的机构合作。当然也不能简单认为，没有依托上述平台做培训就一定不行，或者质量就完全没办法保证。

二是如何持续招到学员。现在各种各类的"技术经理人培训"或"科技成果转移转化培训"很多，单从举办单位来看，就有科技部门举办、协会举办和企业举办等之分，此外培训内容、培训时间、培训方式、证书类型和培训费用等也都不尽相同。要做好相关的培训业务，就要回答好"凭什么脱颖而出"的问题是有好的课程设计，还是有好的课程师资，还是学习后能有如推荐工作、帮助评聘相关职称的渠道？招一次生可能容易，但是把培训作为业务，多次招生、持续招到学员并不容易。再加上，科技成果转移转化是实操性非常强的工作，技术经理人的培养不是通过几次几天的授课就可以见到效果的，对于这种不能立竿见影的服务，要当作稳定的经营业务还是不太容易。

**（八）技术经理人培训与培养，一字之差，差在哪儿？**

技术经理人和职业技术经理人区别较大，技术经理人可以培训，但职业技术经理人不能培训，只能培养。"培训"与"培养"，一字之差，到底差在哪儿？

（1）目的不同。培训主要是通过传授科技成果转移转化技能、知识和信息，使被培训者掌握科技成果转移转化技能或提升科技成果转移转化能力。培养不仅要传授科技成果转移转化知识和技能，更要注重培养对象的价值观形成和职业发展。

（2）内容不同。培训通常是根据特定的需求或要求而设定的，因此，内容通常比较具体和集中。而培养则更加灵活和多样化，通常需要边实践边培养，边培养边实践。

（3）方式不同。培训通常比较注重技能或知识的传授，方式如讲解、演示、练习等。而培养则更加注重被培养人的参与和实践，看重的是被培养者的成长。

（4）时间不同。一般来说，培训是短期的、一次性的活动，短则几个小时，长则几天几个月。而培养是长期的、经常性的活动，短则几个月，长则几年，甚至数十年。

（5）效果不同。培训的效果通常是短暂和单一的，因为培训的内容和方法比较单一，培训往往只能解决当前的问题或满足短期的需求。培养的效果则更加持久和全面，因为培养更加注重发展和成长。

**（九）如何看待相关省市的技术经理人大赛或评选之类的活动？**

目前，全国已有多个省市开展了科技成果转移转化和技术经理人大赛或评选之类的活动。那么，科技成果转移转化与技术经理人大赛靠谱吗？客观地说，有人叫好，也有人不看好。笔者调研了一些省市的科技成果转移转化和技术经理人大赛或评选之类的活动，总结了四个特点、四个疑问和七点建议。

四个特点具体为：（1）参选的人员普遍层次高，很多都是高校、科研院所、医疗卫生机构、新型研发机构和投资孵化等机构的管理层，其中还有些是处长、院长和总经理；（2）参选的人员普遍工作经验丰富，绝大部分都具有5年以上的从业经验，其中不乏10年以上从业经验的，甚至有个别从业经验达到了30年；（3）参选的人员普遍学历高，其中硕士及以上学历的超过了一半，有些省市甚至超过了70%；（4）参选的人员整体业绩都比较突出，有些参选人员甚至声称自己促成数百项数十亿元的科技成果转移转化。

四个疑问具体为：（1）为什么参选人及最后取得好名次的人中，来自高校、科研院所、医疗卫生机构占了相当大的比例，而来自企业只是很小的比例？（2）科技成果转移转化评选的核心是看业绩，把候选人的学历和职位当作评分的重要标准，甚至赋予的权重很高是否合适？（3）科技成果转移转化是"低频、高难、非标、长线"的工作，一个候选人在短短数年内怎么做到促成数百项数十亿元的科技成果转移转化？（4）能否因为这个参选人是该单位相关工作的负责人，就认为该单位科技成果转移转化业绩是个人的业绩？

七点建议具体为：（1）适当降低候选人学历和职位在评选中的权重，增加工作经历和促成业绩的权重；（2）把来自高校、科研院所、医疗卫生机构和企业的候选人分开评选或采用不同的评价指标；（3）区分候选人科技成果转移转化业绩中的个人工作和单位工作业绩；（4）区分候选人科技成果转移转化业绩中的为主促成和参与促成工作业绩；（5）特别关注候选人科技成果转移转化促成代表案例及在其中发挥的作用；（6）对最终获奖人的材料进行适当公示，既让公众监督更宣传了典型；（7）加大对最终获奖人的支持和奖励力度。

总之，举办科技成果转移转化与技术经理人大赛活动，是希望通过活动进一步加强技术经理人队伍建设，促进科技成果转移转化发展，彰显先进、树立形象，发挥模范带头作用，形成以需求为导向开展科技成果转移转化服务的良好氛围，不失为一个有益的尝试，但确实有需要进一步改进和提升的空间。

## 七、高质量培育技术经理人的三点建议

中国的技术经理人有显著的中国特色，具体表现在政策性更强、工作地点更多、工作内容更杂和不确定性更大等多个方面，目前仍处于边摸索边发展的阶段。要如何高质量培育技术经理人，需回答四个疑问，并提出了三点建议。

四个疑问具体如下：

（1）科技成果转移转化真的离不开技术经理人吗？有不少科技成果是在没有技术经理人参与的情况下，由企业的技术人员、高校和科研院所的科研人员、医疗卫生机构的医生同时承担了部分技术经理人的角色和功能，最终实现了转移转化。所以科技成果转移转化并不是一定离不开技术经理人。当然社会是有分工的，专业的事需要更专业的人来做，科技成果转移转化是个复杂的系统工程，需要协同更需要分工，有了高水平技术经理人的参与，完全有可能更好更快更高效地实现科技成果转移转化。所以，不是科技成果转移转化离不开技术经理人，而是技术经理人离不开科技成果转移转化，离开了科技成果转移转化，技术经理人就不是技术经理人了。

（2）社会真的大量缺乏技术经理人吗？火炬中心的相关数据显示，截至2024年4月，全国已经布局建设了36家技术转移人才培养基地，累计培养技术经理人11万余人。我们认为11万人只是有证的技术经理人，实际上在一线从事相关工作的所谓"技术经理人"肯定超过这个数量。但是这些都是社会需要的技术经理人吗？未必。所以，社会并不缺少简单提供不对称信息的技术经理人，真正缺的是高水平的、能提供专业科技成果转移转化服务的技术经理人。

（3）高水平的技术经理人真的可以被培训出来吗？从技术经理人的定义可以看出，技术经理人是从事科技成果转移转化和产业化的专业人员。从事科技成果转移转化和产业化的人员，经过一定的培训，取得了相应的证书，具备了一定的专业知识和能力，在一定程度上就可以称为技术经理人，但他们还不能称得上是高水平的技术经理人，更不是职业技术经理人。职业技术经理人需要有实操，是经过市场验证的，有真正促成交易的成功案例，且被社会认可。所

以，真正的技术经理人不是培训出来的，需要的是培养或培育。

（4）科技成果转移转化和技术经理人真的缺少政策支持吗？业内普遍认为，科技成果转移转化很难做，所以就一个政策一个政策地出台。为什么这么多政策出台了还是解决不了科技成果转移转化的难题？一方面因为科技成果转移转化是一个系统工程，这是一些"头痛医头、脚疼医脚"的政策无法解决的；另一方面因为很多政策的出台只考虑了要求，没有想好谁来落实，如何激励落实。另外，政策也不能都是鼓励的政策，应该鼓励，也要与适当反对相结合，市场上一些技术转移机构的主要业务是协助报奖和项目申报，收费比例在25%以上，如果这种行为不适当控制，谁还有心思去做"低频、高难、非标、长线、收入低"的科技成果转移转化服务。当然，我们也不能否认，其中一些政策还是非常管用的，但是数量不多，特别是缺乏打造生态的系统政策。所以，科技成果转移转化与技术经理人并不缺政策，缺的是生态。

针对上述疑问，对于做好技术经理人高质量培育工作，我们有以下三点建议：

（1）分类实施技术经理人培育。一是参加相关培训，获得技术经理人相应证书；二是自学科技成果转移转化相关政策、规范、标准等知识；三是参加科技成果转移转化相关学历教育，系统学习科技成果转移转化知识；四是参加科技成果转移转化比赛，申报科技成果转移转化人才计划、项目、标准和相关职称评审，获得关注和认可；五是在科技成果转移转化的工作实践中，不断提升科技成果转移转化能力。以上五种方法是一个体系，但是方式和目标不一样，需要分类实施。

（2）打造科技成果转移转化和技术经理人的工具和平台。有一项数据表明，优秀的技术经理人通常需要8年及以上的工作经验。那么面对社会对优秀技术经理人的迫切需求，有没有什么办法让更多的一线的技术经理人更好地发挥作用？有以下两个办法：一是让培养好的技术经理人找到并加入好的组织，发挥团队和组织的力量；二是让技术经理人用上真正好用的工具和平台，借助工具和平台去开展科技成果转移转化工作。

（3）打造技术经理人生态。高质量培育技术经理人，包含三个层次意思：高质量 + 培育 + 高水平的技术经理人。要做好这个工作，我们认为，最重要的是打造技术经理人生态。什么是技术经理人生态？一定"密度"的来自各领域的高水平技术经理人，一定"浓度"的成果、资金、人才、信息、管理、基础设施、市场等各种要素，形成一个场，在相对聚集圈内，互相作用，高频互动，称为"技术经理人生态"。现在火炬中心在推动的全球技术经理人协作网络等工作，实际上就是很好的探索。技术经理人良好生态的打造不是一蹴而就的，需要循序渐进，在建设过程中不断完善。

# 八、火炬中心"技术经理人+"工作体系介绍

为贯彻落实党的二十届三中全会关于加强技术经理人队伍建设的重要决策部署，推动科技服务业高质量发展，加速科技创新与产业创新深度融合，提高技术要素市场化配置效率，强化专业人才对新型工业化的支撑，火炬中心在深入实施《高质量培养科技成果转移转化人才行动方案》的基础上，将在火炬中心业务体系内全力推动"技术经理人+"工作。

## （一）多维度加强全国技术经理人队伍建设

推动技术转移机构、科技创业孵化机构、新型研发机构、生产力促进中心等科技服务载体成为技术经理人主要的就业平台，建立市场化的聘用渠道和激励约束机制，加速技术经理人人才资源的合理流动与优化配置。推动国家高新区、专精特新企业、高新技术企业、科技型中小企业等根据现实需求设立技术经理岗位，实现技术经理人对企业创新的全程服务。推动央企国企、高校、科研院所、医疗卫生机构等建立与技术经理人相关的职称评审、绩效考核、岗位晋升考核体系，推动各地将高层次技术经理人纳入人才支持计划（见图6-2）。

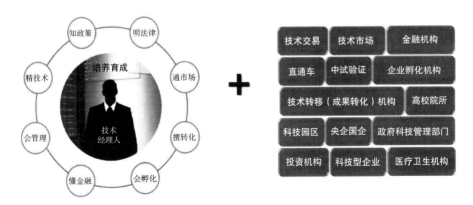

图6-2　"技术经理人+"工作体系示意图

## （二）充分激发技术经理人行业活力

充分发挥技术经理人在全国统一技术要素市场建设进程中的关键核心作用，通过搭建培养育成体系、建设业务工作平台，不断提升技术经理人在技术交易、技术集成、技术推广、技术转移、成果挖掘、价值评估、概念验证、创业孵化、技术投融资等方面的业务能力，将技术经理人打造成为科技服务行业的主力军。

促进技术经理人在科技创新与产业创新深度融合工作中发挥重要作用，通过与产业部门深度合作，不断扩大技术经理人基数，不断增强技术经理人执业能力，不断提高技术经理人的产业认知能力、政策水平、法律素养、市场化意识，加速推进科技成果转化及产业化。

在中国创新创业大赛、中国创新挑战赛、火炬科技成果直通车、创新积分制等工作中发挥技术经理人的专业化能力，提升专项工作的开展水平。

## （三）夯实技术经理人队伍培养和育成体系

支持技术转移人才培养基地、科技企业孵化器从业人员培养基地、国家（中关村）火炬科创学院等机构面向国家重大需求和本地创新体系建设开展技术经理人培训，强化培训过程管理和质量监控，建设示范性、标杆性的培养基地，推动与异地培养基地之间交流学习、协作互动、证书互认。聚焦重点产业领域开展技术经理人培育工作，依托头部企业、行业协会等打造一批行业特色明显的人才培养基地。遴选一批政策水平、理论素养和实操能力突出的专家形成智库，重点围绕课程开发、教学培养、战略规划、理论和政策研究等方面开展工作，为技术经理人队伍建设提供研究支撑和决策咨询。

## （四）建设全国技术经理人业务支撑平台

围绕构建全国统一技术要素市场，火炬中心正在推动建设"国家统一技术交易服务平台"。该平台将围绕技术经理人日常业务全流程，搭建全国技术经理人的业务对接、资源管理和智能赋能模块。推动技术要素资源数字化、智能化发展，使用大模型、大数据等现代技术为技术经理人开展业务提供高效、智能、市场化的服务，助力技术经理人在统一标准、统一规范的业务平台下实现市场化业务协同和工作效率的提升（见图6-3）。

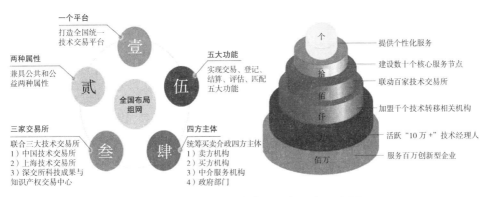

图 6-3　国家统一技术交易服务平台示意图

## 九、技术经理人职业发展的 12 条通道

技术经理人是促进创新链产业链资金链人才链深度融合的关键人才，是推动科技成果从实验室走向市场，是加快发展新质生产力的催化剂与桥梁纽带。加强技术经理人队伍建设，必须畅通技术经理人职业发展路径。技术经理人职业发展通道主要有以下 12 条：

一是技术转移服务机构从业人员。各类技术转移服务机构的从业人员，作为科技成果转化的第三方，服务企业、高校、科研院所和医疗卫生机构的科技成果转移转化工作。职业发展是成为技术转移服务机构总经理、副总经理，或者部门负责人等。

二是高校、科研院所和医疗卫生机构科技成果转化相关部门人员。在高校、科研院所和医疗卫生机构的科研处、产业处、技术转移中心、资产公司和大学科技园等相关部门工作的科技成果转化人员，负责单位科技成果的转移转化工作。职业发展是成为高校、科研院所和医疗卫生机构分管科技成果转化的副校长、副院长等，或者科研处、产业处、技术转移中心、资产公司和大学科技园等相关部门负责人。

三是政府各类科技成果转化职能部门人员。国家发展和改革委员会、工业和信息化部、科技部和中国科学技术协会等政府各类科技成果转化职能部门人员，负责落实国家有关部委科技成果转化政策，提出科技成果转移转化及产业化、促进产学研深度融合、知识产权创造的相关政策措施建议，推动科技服务业、技术市场和科技中介组织发展。职业发展是成为国家发改委、工信部、科技部和中国科协等政府分管科技成果转化的副职，或各类科技成果转化职能部门的负责人。

四是地方研究院、实验室等各类新型研发机构负责科技成果转化的人员。作为地方研究院、实验室等各类新型研发机构负责科技成果转化的人员，积极对接地方科技部门、企业和高校、科研院所、医疗卫生机构、投资机构等创新资源，促进新型研发机构的科技成果实现转移转化。职业发展是成为地方研究院、实验室等各类新型研发机构的院长、副院长，或者负责科技成果转化的部门负责人。

五是科技型企业科技成果转化部门人员。作为科技型企业（特别是央企、国企）科技成果转化部门人员，主要负责做好企业自身科技创新成果的产业化；通过产学研合作，引进高校、科研院所、医疗卫生机构和其他企业的科技成果在企业转化；推动企业自身科技创新成果在其他企业的转移转化。职业发展是成为科技型企业分管科技成果转化的副总，或者科技成果转化中心等科技成果转化部门的负责人。

六是评估、法律、商务、知识产权服务等机构服务科技成果转化的专业人员。作为评估、法律、商务、知识产权等机构服务科技成果转化的专业人员，为企业、高校、科研院所和医疗卫生机构的科技成果转化提供评价、评估，提供合规审查、风险预判、争端解决等法律咨询，提供商务策划、谈判和技术交易，提供专利导航、布局、保护和运营等服务。职业发展是成为评估、法律、商务、知识产权等机构总经理、副总，或者服务科技成果转化团队的负责人。

七是概念验证中心和中试平台等熟化平台相关人员。作为概念验证中心、小试、中试和工程化平台和检验检测机构等熟化平台的相关人员，为高校、科研院所和医疗卫生机构的科技成果提供概念验证、小试、中试和工程化放大和检验检测等专业服务。职业发展是成为概念验证中心、小试、中试和工程化平台和检验检测机构等熟化平台的负责人，或者相关部门的负责人。

八是科技园区科技成果转化部门人员。作为科技园区科技成果转化部门的人员，负责挖掘园区内企业技术需求，组织策划各类供需对接活动，负责科招商工作，积极争取高校、科研院所和医疗卫生机构的科技成果转化企业落户园区。职业发展是成为科技园区负责人，或者相关科技成果转化部门的负责人。

九是投资机构的投资经理。作为投资机构的投资经理，负责拟投资高校、科研院所和医疗卫生机构科技成果转化项目的尽职调查、商务谈判和投资等工作，以及投资项目的投后管理等工作。职业发展是成为投资机构的负责人，或相关科技成果转化部门的负责人，或者成功的投资经理。

十是科研团队负责科技成果转化的人员。作为科研团队负责科技成果转化的人员，参与应用类科研项目的知识产权布局与运营，负责团队科技成果的市场调研与推广，促进团队科技成果的转移转化工作。职业发展是获评相关职称和人才称号。

十一是科技成果转化各类培训机构的师资与服务人员。在国家技术转移人才培养基地等各类培训机构工作的师资与服务人员，从事培养技术经理人、普及科技成果转移转化等工作。职业发展是成为科技成果转化专家，或者培训机构负责人，或者相关科技成果转化部门负责人。

十二是硬科技创业者。作为硬科技创业者，推动自身硬科技成果或来自高校、科研院所和医疗卫生机构的硬科技成果成立企业，负责科技成果的工程化、商业化和市场化开发。职业发展是成为成功的硬科技创业者或者职业经理人。

未来技术经理人的作用和发展值得期待。

# 第七部分

## 科技成果转移转化与技术经理人工具

DIQIBUFEN

工欲善其事，必先利其器。从事科技成果转移转化工作，掌握一定的工具非常重要。发挥好科技成果转移转化工具的作用，可以在一定程度上弥补科技成果转移转化能力和经验上的不足。

本部分汇总了科技成果转移转化相关法律法规政策及网站、高质量培养科技成果转移转化人才行动方案、技术转移服务规范国家标准、技术转移服务人员能力规范、技术经理人能力评价规范、技术转移服务合同介绍及范例、科技成果转移转化的方式和关注重点等工具，助力技术经理人更好地开展科技成果转移转化工作。

# 一、科技成果转移转化相关法律法规政策及网站

《中华人民共和国促进科技成果转化法》是为促进科技成果转化为现实生产力，规范科技成果转化活动，加速科学技术进步，推动经济建设和社会发展而制定的。《中华人民共和国促进科技成果转化法》由全国人民代表大会常务委员会于 1996 年 5 月 15 日发布，自 1996 年 10 月 1 日起施行，2015 年 8 月 29 日修订而成。《促进科技成果转化法》（2015 年修订）主要有五方面的亮点：一是引导和激励科研机构积极转化科技成果；二是强化企业在科技成果转化中的主体作用；三是加强科技成果转化服务；四是明确了市场化定价的合法性、定价的方式和程序；五是加大了对成果完成人和转化工作作出重要贡献的人员的激励力度。

除《中华人民共和国促进科技成果转化法》外，建议也要学习了解《中华人民共和国科学技术进步法》、《国务院关于印发实施〈中华人民共和国促进科技成果转化法〉若干规定的通知》、《国务院办公厅关于印发促进科技成果转移转化行动方案的通知》、《中华人民共和国企业所得税法》及其实施细则、《中华人民共和国增值税暂行条例》、《技术合同认定登记管理办法》、《技术合同认定规则》、《中华人民共和国专利法》、《中华人民共和国民法典》、商法与《中华人民共和国公司法》、《科技部等 9 部门印发〈赋予科研人员职务科技成果所有权或长期使用权试点实施方案〉的通知》、《人力资源社会保障部 财政部 科技部关于事业单位科研人员职务科技成果转化现金奖励纳入绩效工资管理有关问题的通知》，以及各省市相关法律法规和政策等。

从事科技成果转移转化工作，对知识的更新要求很高，关注官方网站是一个知识更新的好方式，建议关注以下网站：

科学技术部官网：https://www.most.gov.cn/

国家发展和改革委员会官网：https://www.ndrc.gov.cn/

工业和信息化部官网：https://www.miit.gov.cn/

国家知识产权局官网：https://www.cnipa.gov.cn/

国家自然基金委官网：https://www.nsfc.gov.cn/

教育部官网：http://www.moe.gov.cn/

中国科学院官网：https://www.cas.cn/

工业和信息化部火炬高技术产业开发中心官网：http://www.chinatorch.gov.cn/

人民网：http://www.people.com.cn/

光明网：https://www.gmw.cn/

中国科技网：https://www.stdaily.com/

科学网：https://www.sciencenet.cn/

中国国际科技交流中心官网：http://www.ciste.org.cn/

此外，也建议关注如国家科技成果网等各类科技成果平台网站，以及所在省市的相关政府部门网站，也可以通过订阅优秀的科技成果转移转化微信公众号，进行碎片化学习。

## 二、《高质量培养科技成果转移转化人才行动方案》及解读

2023 年 3 月 14 日，火炬中心发布《高质量培养科技成果转移转化人才行动方案》（以下简称《行动方案》）。《行动方案》提出，到 2025 年，培养科技成果转移转化人才超过 10 万人，在各类技术转移和成果转化相关机构内从业的职业技术经理人不少于 1 万人，全国建成人才培养基地超过 50 个，建成不少于 300 人的科技成果转移转化顾问队伍。

《行动方案》提出 6 项重点任务，具体包括推动人才培养工作规范化发展、升级国家技术转移人才培养基地功能、优化科技成果转移转化人才供给结构、畅通技术经理人职业发展路径、提升科技成果转移转化人才培养社会关注度、促进科技成果转移转化人才队伍国际化建设。

《行动方案》明确，建设人才梯度培养体系。坚持分层培养原则，着力打造初、中、高三级科技成果转移转化人才梯队体系。

为强化人才培养基地布局建设，《行动方案》鼓励国家技术转移人才培养基地面向国家重大需求和本地产业发展导向开展培训，加强培训过程管理和质量监控，形成一批示范性、标杆性培养基地。聚焦重点产业领域开展技术转移人才培养工作，依托头部企业、行业协会等，打造一批行业特色明显的人才培养基地。

为完善技术经理人市场化聘用机制,《行动方案》提出,推动央企国企、科技园区、国家技术创新中心、高新技术企业、科技型中小企业、科技企业孵化器、众创空间、新型研发机构等根据现实需求设立科技成果转移转化岗位,聘用高水平技术经理人,实现人才对科技成果转化和产业化的全流程赋能。

此外,《行动方案》还提出"将高层次技术转移人才纳入国家和地方高层次人才特殊支持计划""聚焦国际技术转移,培养一批国际化技术经理人"等。

## 《高质量培养科技成果转移转化人才行动方案》全文

为贯彻落实党的二十大精神,深入实施科教兴国战略、人才强国战略、创新驱动发展战略,推动创新链产业链资金链人才链深度融合,提高科技成果转化和产业化水平。按照《中共中央 国务院关于构建更加完善的要素市场化配置体制机制的意见》有关要求,科技部火炬中心将进一步加强科技成果转移转化人才队伍建设工作,制订本行动方案。

### 一、宗旨与目标

"十四五"期间,科技部火炬中心将以全面提高我国科技成果转移转化人才自主培养质量为宗旨,以优化人才供给结构、强化技术经理人市场化配置、搭建完成人才培养支撑体系为目标,推动我国科技成果转移转化人才队伍建设向高质量发展阶段迈进。

(一)优化人才供给结构,培养一批高素质复合型人才

重点面向技术转移(成果转化)机构、高校院所、医疗卫生机构、政府科技管理部门、科技园区、科技型企业、央企国企、投资机构等,着力挖掘和培养一大批"知政策、精技术、会管理、懂金融、明法律、通市场、擅转化"的高素质复合型人才,有效配置到科技成果转化和产业化的各个关键环节,以人才结构的优化和素质的提高带动科技成果转化和产业化水平的提升。到2025年,培养科技成果转移转化人才超过10万人。

（二）强化市场选择功能，打造职业技术经理人队伍

充分发挥国家技术转移人才培养基地、国家技术转移机构等的平台作用，建立市场化的聘用渠道和激励约束机制，加速人才的合理流动与优化配置，不断提升技术经理人在成果转化服务端的业务水平，探索形成以"培训＋考试＋实操＋绩效"综合认证"技术经理人"执业资质的职业化发展模式。到2025年，在各类技术转移和成果转化相关机构内从业的职业技术经理人不少于1万人。

（三）深化现有工作基础，形成人才培养支撑体系

以科技成果转移转化人才培养的相关政策、规划为工作依据，明确方向和目标；以《国家技术转移专业人员能力等级培训大纲》为指导，完善科技成果转移转化知识体系；以国家技术转移人才培养基地为工作抓手，规范引导培训行为；以各地遴选推荐的优质培训师资为主力军，形成科技成果转移转化智库；以各类技术转移（成果转化）机构为出口，为参训人员搭建实习、就业平台，最终形成"五位一体"的科技成果转移转化人才培养体系。到2025年，全国建成人才培养基地超过50个，建成不少于300人的科技成果转移转化顾问队伍。

## 二、重点任务

（一）推动人才培养工作规范化发展

形成人才培养知识框架。支持具备教材开发能力的相关机构围绕国家科技成果转移转化的最新政策导向，深挖人才培养体系的短板弱项，组织相关领域专家编写普适和特色相结合的培训教材，形成内容完备、特点突出、模块清晰的培训内容体系，突出科学性、系统性和实用性。引导各培训基地优化培训方案，注重理论与实践相联系、国内经验与国际视野相结合，因地制宜、因时制宜设置相应培训课程。

建设人才梯度培养体系。坚持分层培养原则，着力打造初、中、高三级科技成果转移转化人才梯队体系。初级培训面向所有参与科技创新的人员，培养参训人员科技成果转移转化的基础能力；中级培训面向科技成果转移转化从业人员，着重理论与实践相结合，为培养职业技术经理人储备人才；高级培训旨在提高技术经理人的执业能力，搭建成果转

化资源网络，促成业务合作，加速创新链产业链资金链人才链深度融合。

（二）升级国家技术转移人才培养基地功能

强化人才培养基地布局建设。鼓励国家技术转移人才培养基地面向国家重大需求和本地产业发展导向开展培训，加强培训过程管理和质量监控，形成一批示范性、标杆性培养基地。聚焦重点产业领域开展技术转移人才培养工作，依托头部企业、行业协会等，打造一批行业特色明显的人才培养基地。培养基地之间应加强交流学习、合作互动，强化证书互认，分享成功经验，共同推动跨区域、多领域、深层次的技术转移人才培养工作。

组建科技成果转移转化智库。充分发挥各培养基地贴近科技成果转化一线的优势，吸纳、遴选、推荐政策水平、理论素养或实操能力突出的专家，建立科技成果转移转化智库。智库建设以提高科技成果转化和产业化水平为宗旨，以师资队伍建设为抓手，重点围绕课程开发、教学培养、战略规划、理论和政策研究等方面开展工作，为科技成果转移转化事业提供研究支撑和决策咨询。

（三）优化科技成果转移转化人才供给结构

扩大人才培养广度。面向服务于科技成果转移转化全链条的各类机构开展培训工作，提高机构内从业人员的政策水平、技术认知能力、管理能力、投融资能力、法律素养、市场化意识和科技成果转移转化能力。不断扩大科技成果转移转化人才基数，不断增强从业人员的执业能力，形成以复合型人才为支撑的有组织科技成果转化体系。

提高人才配置精度。重点提高技术转移（成果转化）机构从业人员的业务能力和综合素质；引导高校院所、医疗卫生机构的科研人员重点提升科技管理和市场化能力；推动政府机构和产业部门的科技管理人员不断完善科技成果转移转化知识结构；支持科技型企业、央企国企和投资机构的技术经理、市场经理、产品经理、投资经理等加强其对技术创新场景应用和科技产业发展方向的认知判断能力及科技成果转移转化政策的应用能力。

（四）畅通技术经理人职业发展路径

建立健全人才培养多方联动机制。鼓励技术转移（成果转化）机构从业人员积极参加国家技术转移人才培养基地等开展的培训课程，同时吸纳参培结业人员到本机构实习、就业。搭建科技成果转移转化人才信息交流展示平台，逐步建立"能力培训＋机构认证＋市场评判"的技术经理人社会化评价模式。

完善技术经理人市场化聘用机制。推动央企国企、科技园区、国家技术创新中心、高新技术企业、科技型中小企业、科技企业孵化器、众创空间、新型研发机构等根据现实需求设立科技成果转移转化岗位，聘用高水平技术经理人，实现人才对科技成果转化和产业化的全流程赋能。支持技术经理人在各类服务科技成果转化和产业化的机构内合理流动，加速人才的优化配置。

（五）提升科技成果转移转化人才培养社会关注度

加强学历教育培养。鼓励高校院所不断创新体制机制，开展技术转移方向的学历培养。推动有条件的高校开设技术转移相关课程、学科专业，开展学历、学位教育，探索学历教育与社会化培训课程的互认机制。推动有条件的高校院所开展科技成果转移转化方面的理论研究，形成高水平的研究队伍和师资队伍。

开展人才评价工作。鼓励各地完善技术转移转化类职称评价标准。推动高等院校、研发组织、医疗卫生机构等建立科技成果转化与职称评审、绩效考核、岗位晋升、人才评价等相结合的考核体系。加快培养科技成果转移转化领军人才，将高层次技术转移人才纳入国家和地方高层次人才特殊支持计划。

（六）促进科技成果转移转化人才队伍国际化建设

加强与国外头部技术转移机构及国际组织的交流互访，借鉴国际培训组织成熟的培训体系，做好本土化落地工作，加快打造形成具有中国特色的国际技术转移培养体系。聚焦国际技术转移，培养一批国际化技术经理人，促进技术要素国内国际双循环，提高我国国际技术转移能力。

### 三、保障措施

凝聚多方合力。参与科技成果转移转化人才培养的各类机构要深化合作，建立上下联动、横向联通的工作协同机制。坚持问题导向，主动研究谋划，持续完善相关配套政策体系，细化政策落地流程，推动解决技术转移转化人才队伍建设中的堵点、难点问题。

创新政策供给。各地科技主管部门应积极支持科技成果转移转化人才培养和技术经理人队伍建设工作，围绕国家导向和本地区科技成果转移转化需求制定有效政策，以高质量人才供给融通创新链产业链资金链。抓住技术经理人纳入国家职业分类大典的机遇，规范化、标准化开展相关培训工作。

做好宣传推广。鼓励科技管理部门、培养基地、技术转移（成果转化）机构以现场观摩、座谈调研等方式加强交流。加强舆论引导，积极宣传各地技术转移（成果转化）机构及技术经理人优秀案例，表彰先进，推广科技成果转化经验和培训工作做法，营造推动技术转移转化人才队伍建设的良好氛围。

注重优化生态。充分调动高校院所、医疗卫生机构、技术转移（成果转化）机构、科技创业孵化载体等主体参与科技成果转移转化人才队伍建设的工作积极性；搭建技术转移转化人才互动平台，形成技术经理人市场化流动机制，以人才的高质量发展带动技术转移转化生态的进一步优化。

## 《高质量培养科技成果转移转化人才行动方案》解读

（1）《行动方案》提的是"科技成果转移转化"，不是"科技成果转化"，也不是"技术转移"，怎么看？

国外提"技术转移"，国内既提"科技成果转化"又提"技术转移"，业内普遍观点是两者虽然是不同的概念，但是在实践中，两者通常是相互渗透、相互包容。目前在越来越多的政策中用"科技成果转移转化"

这个融合的说法。

（2）科技成果转移转化的人才通常来自哪里？或这类人才未来主要去哪里？

《行动方案》指出，重点在技术转移（成果转化）机构、高校、科研院所、医疗卫生机构、政府科技管理部门、科技园区、科技型企业、央企国企、投资机构等。

不同单位对人才的侧重点也不一样。技术转移（成果转化）机构从业人员侧重业务能力和综合素质；高校、科研院所、医疗卫生机构的科研人员侧重科技管理和市场化能力；政府机构和产业部门的科技管理人员侧重科技成果转移转化知识结构；科技型企业、央企国企和投资机构的技术经理、市场经理、产品经理、投资经理等侧重技术创新场景应用和科技产业发展方向的认知判断能力及科技成果转移转化政策的应用能力。

（3）什么样的人才算是高素质复合型科技成果转移转化人才？

《行动方案》指出，高素质复合型的科技成果转移转化人才要"知政策、精技术、会管理、懂金融、明法律、通市场、擅转化"。我们认为，这个要求一点也不低。

（4）为什么要培养一批高素质复合型科技成果转移转化人才？

《行动方案》指出，目的就是为了把人才有效配置到科技成果转化和产业化的各个关键环节，以人才结构的优化和素质的提高带动科技成果转化和产业化水平的提升。

（5）如何看待目前市面上的技术经理人培训的问题？

《行动方案》明确表示，规范引导培训行为，同时也提出，要以各地遴选推荐的优质培训师资为主力军，形成科技成果转移转化智库；以各类技术转移（成果转化）机构为出口为参训人员搭建实习、就业平台，最终形成"五位一体"的科技成果转移转化人才培养体系。《行动方案》同时提出，要加强培训过程管理和质量监控，形成一批示范性、标杆性培养基地。

（6）什么是国家技术转移人才培养基地？现在有多少家？未来还会增加吗？

国家技术转移人才培养基地是经火炬中心认定的规范化、制度化培养我国技术转移从业队伍的机构。2015 年 12 月 30 日，火炬中心公布了第一批共 11 个国家技术转移人才培养基地名单，2020 年 7 月 15 日，公布了第二批共 25 个国家技术转移人才培养基地。

《行动方案》明确提出，到 2025 年，全国建成人才培养基地超过 50 个。目前已有 36 个，到 2025 年缺口还有 14 个。

（7）《行动方案》提出"2025 年要建成不少于 300 人的科技成果转移转化顾问队伍"，这是一支什么样的队伍？做什么用？

《行动方案》对此并没有明确。我们认为，和培养科技成果转移转化人才有关，如制订培训大纲、开发培训教材等，另外，也有可能和《行动方案》提出的"组建科技成果转移转化智库"有关。

（8）如何解决《国家技术转移专业人员能力等级培训大纲（试行）》没有对应培训教材的问题？

火炬中心于 2020 年 2 月发布了《国家技术转移专业人员能力等级培训大纲（试行）》，但是一直没有相应的教材。《行动方案》明确：支持具备教材开发能力的相关机构围绕国家科技成果转移转化的最新政策导向，深挖人才培养体系的短板弱项，组织相关领域专家编写普适和特色相结合的培训教材，形成内容完备、特点突出、模块清晰的培训内容体系，突出科学性、系统性和实用性。引导各培训基地优化培训方案，注重理论与实践相联系、国内经验与国际视野相结合，因地制宜、因时制宜设置相应培训课程。

（9）如何做好科技成果转移转化人才的梯度培养？

《行动方案》明确，初级培训面向所有参与科技创新的人员，培养参训人员科技成果转移转化的基础能力；中级培训面向科技成果转移转化从业人员，着重理论与实践相结合，为培养职业技术经理人储备人才；高级培训旨在提高技术经理人的执业能力，搭建成果转化资源网络，促成业务合作，加速创新链产业链资金链人才链深度融合。

（10）未来各地培养的"科技成果转移转化人才"证书互认吗？

《行动方案》要求，培养基地之间应加强交流学习、合作互动，强化证书互认，分享成功经验，共同推动跨区域、多领域、深层次的技术转移人才培养工作。但我们认为，证书要互认，还有一个前提就是各地培训质量的差距不能太大。

（11）《行动方案》提出的"科技成果转移转化智库"主要做什么？

《行动方案》明确，智库建设以提高科技成果转化和产业化水平为宗旨，以师资队伍建设为抓手，重点围绕课程开发、教学培养、战略规划、理论和政策研究等方面开展工作，为科技成果转移转化事业提供研究支撑和决策咨询。

（12）如何评价技术经理人？

《行动方案》强调"社会化评价"。《行动方案》提出：搭建科技成果转移转化人才信息交流展示平台，逐步建立"能力培训+机构认证+市场评判"的技术经理人社会化评价模式。

（13）如何提升科技成果转移转化人才培养社会关注度？

我们认为，相比收入，科技成果转移转化从业人员更需要的是认可，是肯定，是尊重，解决了认可度问题，不仅能让当前从事科技成果转移转化的人获得认同，也会让更多优秀的人才从事这项工作。

《行动方案》提出，要"加强学历教育培养"+"开展人才评价工作"。鼓励高校和科研院所不断创新体制机制，开展技术转移方向的学历培养工作。推动有条件的高校开设技术转移相关课程、学科专业，开展学历、学位教育，探索学历教育与社会化培训课程的互认机制。推动有条件的高校和科研院所开展科技成果转移转化方面的理论研究，形成高水平的研究队伍和师资队伍；鼓励各地完善技术转移转化类职称评价标准。推动高等院校、研发组织、医疗卫生机构等建立科技成果转化与职称评审、绩效考核、岗位晋升、人才评价等相结合的考核体系。加快培养科技成果转移转化领军人才，将高层次技术转移人才纳入国家和地方高层次人才特殊支持计划。

（14）如何促进科技成果转移转化人才队伍国际化建设？

《行动方案》提出，要加强与国外头部技术转移机构及国际组织的交流互访，借鉴国际培训组织成熟的培训体系，做好本土化落地工作，加快打造形成具有中国特色的国际技术转移培养体系。聚焦国际技术转移，培养一批国际化技术经理人，促进技术要素国内国际双循环，提高我国国际技术转移能力。

## 三、技术转移服务规范国家标准介绍及解读

2017 年，火炬中心牵头，联合中国标准化研究院、北京技术市场协会、北京工商大学、北京市科学技术情报研究所等单位发布了《技术转移服务规范》（GB/T 34670—2017）（以下简称《服务规范》），于 2018 年 1 月 1 日实施。这是我国首个技术转移服务推荐性国家标准。

《服务规范》以《合同法》为重要依据，按照《国家标准管理办法》和《标准化工作导则》的要求，规定了包括范围、规范性引用文件、术语和定义、一般要求、通用流程、服务评价与改进、技术转移服务主要类型等共 12 章。《服务规范》着重突出了两大特点：一是进一步明晰了技术转移的概念，技术转移是指制造某种产品、应用某种工艺或提供某种服务的系统知识，通过各种途径从技术供给方向技术需求方转移的过程。技术转移的内容包括科学知识、技术成果、科技信息和科技能力等。二是规定了 7 类社会关注度高且已形成较成熟模式的技术转移服务类型，包括技术开发服务、技术转让服务、技术服务与技术咨询服务、技术评价服务、技术投融资服务、信息网络平台服务，提出了差异化的服务内容、服务要求和服务流程。其中，技术评价服务、技术投融资服务、信息网络平台服务力求引导技术转移服务与互联网技术、金融资本深度融合，向专业化、市场化、高端化方向发展。

《国家技术转移专业人员能力等级培训大纲（试行）》把《服务规范》作为必修的内容之一，安排了 2 个学时。《服务规范》的起草人包括原科技部火炬中心主任张志宏、现工业和信息化部火炬中心副主任李有平等专家。

《服务规范》包括：前言、范围、规范性引用文件、术语与定义（17 条）、一般要求（9 条）、通用流程（7 项）、技术开发服务、技术转让服务、技术服务与技术咨询服务、技术评价服务、技术投融资服务、信息网络平台服务、服务评价与改进、附录（5 个）、参考文献。

（1）术语与定义中包括技术转移、技术转移服务、技术转移服务机构、技术转移服务人员、技术开发、技术转让、技术服务、技术咨询、技术评价、技术投融资、信息网络平台、中间试验技术入股、技术并购、技术集成、技术路线图、技术联盟共17个术语（见图7-1）。

图7-1　技术转移服务规范术语示意图

（2）一般要求中包括服务机构、管理制度、服务人员、专家要求、服务场所、服务外包、服务合同、档案管理、争议解决等共9方面的要求。

对服务机构的要求：依法成立，承担权利和义务；有具体的服务模式和服务战略；有与服务范围相适应的管理人员和服务人员；应建立符合业务需求的专兼职专家队伍；向委托方提供真实、客观、有效的信息，全面履行承诺；对于委托方的委托有保密义务，维护委托方知识产权权益；建立成果信息库、需求信息库、专家信息库和合作机构信息库等，并合理管理和组织利用。

对服务机构人员的要求：遵纪守法、遵守职业道德、职业形象、诚实守信；熟悉法律、法规和政策；具有较强的市场分析能力和职业判断能力和项目管理能力；服务人员应掌握与本专业领域相关的适用技术信息，包括技术发展水平、国内外现状、转移转化条件等；服务人员应具体与所从事技术转移服务相关技能，包括信息获取、鉴别与评价、调研与预测、组织与洽谈、计划与实施、宣传与传播、协调与应变、口头与书面沟通、学习与研究；每年应接受业务培训；原则上不在两个以上机构从事同一业务；有服务意识，注意职业形象。

对服务合同的要求：做好签订合同或协议的各项准备；签订书面或电子合同／协议，约定权利、义务和收益，不做超出自身服务能力和范围的承诺；可与委托方单独签订合同／协议，也可与委托方和其他各方共同签订合同／协议；可参照范本签订技术合同，并认定登记；出现不可抗力或违约时，应与合同各相关方协商，变更或解除合同；应与各方沟通，在服务合同中约定保密义务。

在这当中"约定权利、义务和收益"是技术转移服务合同中最重要的内容，"应与各方沟通，在服务合同中约定保密义务"则是很多技术转移机构和技术经理人在拟订技术转移服务合同时最容易忽视的内容。建议技术转移机构和技术经理人按照上面的要求，在专业律师团队的指导下，拟订一份符合自身情况的技术转移服务合同模板。

（3）通用流程中包括流程概述，委托与受理，论证与审核，签订合同或协议，组织实施，服务总结、资料归档和跟踪服务，服务改进等共8方面（见图7-2）。

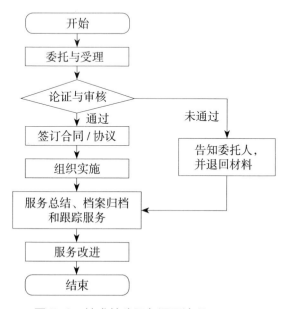

图 7-2 技术转移服务通用流程

（4）典型流程中规定了 7 类社会关注度高且已形成较成熟模式的技术转移服务类型，包括技术开发服务、技术转让服务、技术服务与技术咨询服务、技术评价服务、技术投融资服务、信息网络平台服务，提出了差异化的服务内容、服务要求和服务流程。

（5）《服务规范》也有一些不足之处，如：已经发布 6 年多了，技术转移服务的内容有了新的内涵，技术转移服务有了新的要求，缺少委托的合同模板等。

## 四、技术经理人能力评价规范及解读

2022 年 9 月 19 日，全国首个技术经理人能力评价团体标准——《技术经理人能力评价规范》（T/CASTEM 1007—2022）（以下简称《评价规范》）正式发布，标志着技术经理人能力建设和等级评价步入标准化、规范化、制度化发展轨道。

《评价规范》团体标准的发布，将进一步促进科技成果转移转化工作规范、专业和高效开展，推动科技成果转移转化全面提质增效。

一是技术经理人能力建设和等级评价更加规范统一。技术经理人需要多领域专业知识储备和长期实践经验积累，标准提供了技术经理人在知识水平、实践技能、经验与业绩、职业素养方面的专业能力分级框架，提出了不同等级技术经理人应具备的能力要求，重点打造形成层级分明、指标明确、渠道畅通的能力建设和评价体系，有利于技术经理人队伍的能力建设和等级评价标准的统一。

二是技术经理人职业发展通道更加畅通。当前，技术经理人作为新职业纳入《中华人民共和国职业分类大典（2022 年版）》，技术经理人职业化发展越来越受到关注和认可。《评价规范》提出了技术经理人重要的工作场景和主要职能，形成了初、中、高级技术经理人能力发展体系。《评价规范》的发布将为技术经理人职业标准体系的建立奠定坚实基础。

三是科技成果转化生态体系更加完善。技术经理人作为促进科技成果转化的核心力量，直接决定了科技成果转化的质量和效率。目前我国对技术经理人业务能力要求尚未形成统一标准，是科技成果转化服务效能提升的主要制约因素。《评价规范》为技术经理人业务能力发展提供了重要参考，有利于促进技术经理人队伍专业化能力的全面提升，推动科技成果转化生态体系健全和完善。

# 《技术经理人能力评价规范》解读

（1）没有区分"技术经理人"和"技术经纪人"两个概念。

《评价规范》中"技术经理人"和"技术经纪人"两个名称给了同一个定义，也即：在科技成果转移转化过程中，发挥组织、协调、管理、咨询等作用，从事成果挖掘、培育、评价、推广、交易并提供金融、法律、知识产权等相关服务的专业人员。

这个定义与《中华人民共和国职业分类大典（2022年版）》中的"技术经理人"的定义很接近。目前业内对于要不要严格区分"技术经纪人"和"技术经理人"两个概念有着不同的看法，但是大部分一线的技术经理人都认为，两者并无多大差别，严格区分没有实际意义。

（2）列举出了"技术经理人"主要任职机构。

《评价规范》中列出的"技术经理人"主要任职机构包括：各级政府机关及相关下属事业单位，高等院校、科研院所，技术转移服务机构，知识产权运营、管理和服务机构，新型研发机构，科技型企业，科技园区，众创空间、孵化器、加速器等创新创业孵化载体，银行、证券、保险、投资基金等金融机构，行业学会、协会，国际科技创新合作组织。

从表面上看，好像"技术经理人"无处不在，但实际上目前有相当一部分的技术经理人是兼职的，全职并以此职业谋生的群体还有待拓展，这也从某种程度说明，科技成果转移转化的业态还不够成熟。

（3）明确了"技术经理人"的主要职能。

《评价规范》明确"技术经理人"的主要职能包括：收集、挖掘、储备、筛选、加工、发布各类科技成果信息，促进交易各方建立联系；为交易各方提供技术成果在科技、经济、市场方面的评估评价、分析咨询、尽职调查等服务；为交易各方提供需求挖掘、筛选、匹配和对接等服务；制订科技成果转移转化实施方案、商业计划书等，开展可行性研究论证；组织各类资源，提供科技成果培育、熟化、推广、交易等服务；提供科技成果转移转化贷款、担保、投融资等科技金融服务；提供科技成果转移转化知识产权导航、布局、保护、运营等服务；提供科技成果转移转化合规审查、风险预判、争端解决等法律咨询服务。

《评价规范》中列出的"技术经理人"主要职能与《中华人民共和国职业分类大典（2022 年版）》中对技术经理人的主要工作任务的界定几乎一样。这里特别需要强调的是，并不是说一位技术经理人就应该承担上面所有的职能，那真的就是"无所不能"了。现实工作中，技术经理人根据工作实际通常重点承担其中一项或多项任务。理论上，对于上述知识技术经理人都应有所涉猎，在此基础上，技术经理人应该有所侧重，根据自己的学科背景，精通其中的某项或某几项，和团队成员互补，借助团队的力量，推动科技成果转移转化工作。

（4）对"技术经理人"能力总体要求进行了界定。

《评价规范》中对"技术经理人"能力的总体要求进行了界定，包括：知识水平、实践技能、经验与业绩、职业素养。

《评价规范》中对"技术经理人"能力的总体要求除了我们熟悉的知识水平和实践技能两大方面外，还重点突出了经验与业绩、职业素养两个方面，特别是职业素养这一点尤为重要。现在技术经理人的职业认可度还有待提升，其中一个重要的方面就是一些技术经理人欠缺职业素养。

（5）梳理了"技术经理人"能力评价分级与要求。

《评价规范》指出，技术经理人能力评价应围绕知识水平、实践技能、经验与业绩、职业素养四个评价维度开展。《评价规范》还规定了评价的程序和方法，包括报名申请、资格审查、笔试、专家评审和能力等级界定等几个环节。

《评价规范》特别强调了对技术经理人职业素养的评价，包括遵纪守法、诚实守信、勤勉尽责、保守秘密和廉洁自律等五个方面，而且不管是初级技术经理人、中级技术经理人还是高级技术经理人的职业素养评价要求都一样。

（6）指出了"技术经理人"典型工作流程。

《评价规范》分别从技术供给方、技术需求方和专业化技术服务机构方面梳理出了"技术经理人"的典型工作流程。

这个典型工作流程有较大的参考借鉴意义，但是需要强调的是这个流程是典型的工作流程，并非完全标准化的流程，更不是唯一的流程。技术经理人在实际科技成果转移转化工作过程中，应该以这个典型工作流程为基础，结合自身实际，梳理出自己的工作流程。

## 五、《技术转移服务人员能力规范》介绍及解读

2020 年 12 月 25 日，北京市科委组织北京技术市场管理办公室、北京技术市场协会等 8 家单位共同起草的《技术转移服务人员能力规范》（DB11/T 1788—2020）（以下简称《能力规范》）发布，这是全国首个技术转移服务人员能力建设的地方标准。《能力规范》于 2021 年 2 月 1 日正式实施。

《能力规范》的发布与实施，是要进一步加强北京市技术转移服务人员培养，凝聚和培养一批专业化、国际化、复合型技术转移转化人才。

《能力规范》指出，技术转移是制造某种产品、应用某种工艺或提供某种服务的系统知识，通过各种途径从技术供给方向技术需求方转移的过程。技术转移服务是为促进科学知识、技术成果、技术信息、专利和研发能力等科技资源与生产经营活动有机融合，实现新技术、新工艺、新材料、新产品，发展新产业所需要的专业化服务。技术转移服务人员是指从事技术转移服务的专业人员。

《能力规范》对技术转移服务人员的职业特征、知识与技能要求、从业守则等方面进行了明确界定，对技术转移服务人员的职业技能特征、三个层级技术转移服务人员的基本要求、知识与技能要求和能力培养等方面进行了详细规范，为进一步培养提升技术转移服务人员能力提供"路线图"。

《能力规范》是技术转移服务机构在管理技术转移服务人员时提供考核评价的基本参考，有助于推动技术转移服务人员高质量发展。

## 六、科技成果转移转化的方式和关注重点

科技成果转移转化的方式大致可以分为技术转让、技术许可、技术作价、

赋权和产学研合作等。

## （一）技术转让指南

成果情况（专利权/专利申请权/技术秘密，混合）；拟转让金额（是否第三方评估、同类技术交易情况）、支付方式；拟受让方情况，包括实力、是否存在关联关系等（见表7-1）。

表 7-1　技术转让关注重点

| 价款的支付方式 | 关注重点 |
| --- | --- |
| 现金 | 价款一次性、分阶段支付；<br>品牌保护、违约责任；<br>后续技术服务/进一步研发安排及责权利、报奖权 |
| 现金 + 提成 | 价款一次性、分阶段支付；<br>提成按里程碑/销售额/净利润支付；<br>品牌保护、违约责任；<br>后续技术服务/进一步研发安排及责权利、报奖权 |

## （二）技术许可指南

成果情况（专利权/专利申请权/技术秘密，混合）；拟许可方式（普通许可—开放许可、排他许可、独占许可）；许可金额（是否第三方评估、同类技术交易情况）、支付方式；拟被许可方情况，包括实力、是否存在关联关系等（见表7-2）。

表 7-2　技术许可关注重点

| 价款的支付方式 | 关注重点 |
| --- | --- |
| 现金 | 价款一次性、分阶段支付；<br>品牌保护、违约责任；<br>后续技术服务/进一步研发安排及责权利 |
| 入门费 + 提成 | 价款一次性、分阶段支付；<br>提成按里程碑/销售额/净利润支付；<br>品牌保护、违约责任；<br>后续技术服务/进一步研发安排及责权利、报奖权 |

| 价款的支付方式 | 关注重点 |
|---|---|
| 提成（零入门费） | 提成按里程碑 / 销售额 / 净利润支付；<br>品牌保护、违约责任；<br>后续技术服务 / 进一步研发安排及责权利、报奖权 |

### （三）技术作价投资指南

成果情况（专利权 / 专利申请权 / 技术秘密，混合）；可行性论证、发起人协议、公司章程等；拟作价金额、第三方评估（增资可能需要公司的整体价值评估）；拟合作方情况，包括实力、是否存在关联关系等（见图7-3、表7-3）。

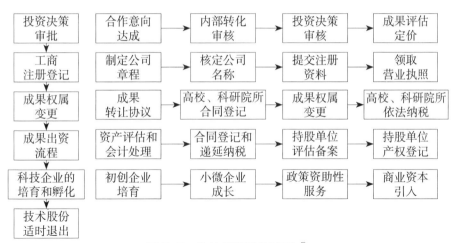

图7-3　作价投资转化流程[①]

表7-3　技术作价投资关注重点

| 作价标的情况 | 关注重点 |
|---|---|
| 新设公司 | 拟作价金额；<br>发起人协议（品牌保护、违约责任）；<br>公司章程（实缴安排、董事会安排、退出机制、反稀释、持股平台等）；<br>品牌保护、违约责任；<br>后续技术服务 / 进一步研发安排及责权利、报奖权 |

---

① 来源：《科技成果转化蓝皮书（PART I）：上海高校科技成果作价投资操作流程指引》。

续表

| 作价标的情况 | 关注重点 |
|---|---|
| 增资 | 拟作价金额、公司的整体价值评估；<br>发起人协议（品牌保护、违约责任）；<br>公司章程（实缴安排、董事会安排、退出机制、反稀释、持股平台等）；<br>品牌保护、违约责任；<br>后续技术服务／进一步研发安排及责权利、报奖权 |

### （四）赋予科研人员所有权／长期使用权指南

成果情况（权属清晰、应用前景明朗、承接对象明确、科研人员转化意愿强烈等）；是否试点单位、是否有管理办法、可行性论证等；拟赋权成果价值，第三方评估；拟合作方情况（实力、是否存在关联）、属于单位部门的所有权处置方案；签署书面赋权协议：约定成果的收益分配，包括使用权是独占、排他或普通；科研人员是否有权许可他人使用科技成果；科技成果使用的期限、区域、范围限制；使用费的计算、支付方式等（见表7-4）。

表7-4 赋权关注重点

| 所有权变现方式 | 关注重点 |
|---|---|
| 股权＋股权 | 参照技术作价入投 |
| 现金＋现金 | 参照技术转让 |
| 现金＋股权 | 参照技术转让；<br>拟作价金额（特别注意国有资产价值） |
| 权益让渡 | 约定收益（何时收益，如何收益）；<br>科研人员分期向单位支付受让费（特别注意国有资产价值、收不到钱怎么办） |

### （五）产学研合作指南

拟合作金额、支付方式；新知识产权归属、违约责任；拟受让方情况，包括实力、是否存在关联关系等（见表7-5、图7-4）。

表 7-5　产学研合作关注重点

| 合作方式 | 关注重点 |
|---|---|
| 技术开发 | 开发内容和进度，交付材料、验收标准和方式；<br>价款及支付方式（一次性、分阶段支付、提成）；<br>新知识产权约定、运用知识收益分配、背景知识产权；<br>违约责任、品牌保护、报奖权、研发权 |
| 技术咨询 | 咨询内容、要求和方式，交付材料、验收标准和方式；<br>价款及支付方式（一次性、分阶段支付）；<br>违约责任、品牌保护 |
| 技术服务 | 服务内容和方式，交付材料、验收标准和方式；<br>价款及支付方式（一次性、分阶段支付）；<br>违约责任、品牌保护 |
| 其他 | 根据合作内容确定 |

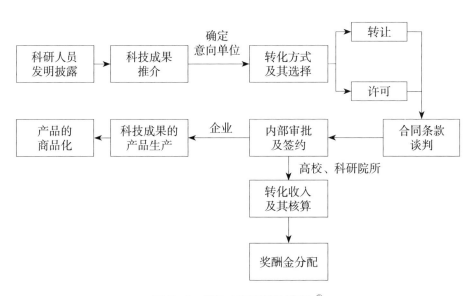

图 7-4　转让 / 许可转让流程 [1]

---

① 来源：《科技成果转移转化管理实务》。

# 七、技术经理人协作（协会等）介绍

## （一）北美技术转移经理人协会简介

北美技术转移经理人协会（AUTM）是世界上最大的技术转移组织，成立于 1974 年，前身是大学专利管理者协会（SUPA）。目前，AUTM 拥有来自全球 800 多所大学、研究机构、医院、公司和政府组织的 5000 多位成员，他们大多是在技术转移领域取得突出贡献的专家学者、世界一流大学的技术经理人及知识产权领域的专业人员等。

AUTM 的具体职责包括：（1）为会员提供技术转移方面的培训，促进技术转移职业化发展；（2）搭建技术转移网络信息平台，通过该平台可以直接连接到各个专利技术转移组织；（3）从发明披露、专利授权、技术许可等方面对政府资助项目的机构进行年度调查；（4）定期发行出版物、举办年会，为全球技术转移经理人和行业组织提供沟通交流的平台。

AUTM 主导了迄今为止发达国家技术转移的实践标准建立，欧洲、英国、日本、南美等地区纷纷仿效 AUTM 建立起各地区的国际技术转移行业组织，并结成国际技术转移经理人联盟（ATTP），形成目前主流的国际技术转移专业知识与实践体系。

AUTM 为个人会员制，可以在全年任何时间加入协会开始享受会员利益会员身份，会费按年缴纳。AUTM 要求会员熟悉某些技术领域，把握领域内的技术发展趋势，辨别技术的市场前景与价值，具备灵敏的市场嗅觉，掌握相关法律知识等。为了帮助会员获得这些资质，得到更大的发展，AUTM 会提供各种专业发展计划，包括参加 AUTM 年会、区域会议和其他会议，还包括专业发展课程。

AUTM 搭建的主要平台包括 AUTM 全球年会、全球技术门户网站（Global Technology Portal，GTP）等。AUTM 每年举办邀请会员参与的年会，已成为技术转移界的年度盛事，活动探讨议题涉及广泛，包括知识产权的商业化、法律、政策、生物科技、信息技术等。AUTM 年会也会新增主题以适应技术转移和经济全球化的发展。2012 年 2 月，AUTM 推出全球技术门户网站，为大学和企业之间的合作与许可业务提供了便利，实现信息资源共享，优势互补，共同发掘大学技术转移的最大潜能。会员们可以获取技术转移统计数据库资料。其中，技术转移年度调查报告已成为世界范围内技术转移领域衡量转移成效的标准数据。

AUTM 每年都会发布一次大学技术转移统计数据。在各国、各区域、各行业建立技术转移机构，设立标准和准则的权威专家，几乎都有着 AUTM 的会员身份，并且每年借 AUTM 年会的机会相聚一堂，共同探讨行业规则和知识、技能体系的发展与变迁，通过组织技术转移经理人培训将这一影响力持续地扩散和发展下去。ATTP、英国 PraxisAuril 至"世界华人技术经理人协会"等组织和协调机制的建立，都基于 AUTM 这一平台及其营造的全球专家、资源网络。可以说，AUTM 能够被视为美国在过去数十年里，参与乃至主导全球治理、科技发展和交流合作的缩影和典范。

**（二）中国的技术经理人协会**

从 2007 年开始，国内就有一些省市先行先试，探索成立了"技术经纪人协会"之类的组织。2020 年以来，国内有越来越多的省市纷纷成立了技术经理人协会。据不完全统计，截至 2023 年 12 月，全国已有陕西、辽宁、吉林、安徽、北京、上海、天津、苏州、西安、成都、淄博等省市成立了"技术经理人协会"或者"技术经纪人协会"之类的组织（见表 7-6）。

**表 7-6　中国技术经理人协会一览表**

| 序号 | 名称 | 成立时间 | 简介 |
|---|---|---|---|
| 1 | 上海市执业经纪人协会技术经纪专业委员会 | 2007 年 2 月 | 上海市执业经纪人协会技术经纪专业委员会属于上海市执业经纪人协会的分支机构，负责指导上海市技术和知识产权经纪领域内的执业准则制定、政策宣传、业务培训、执业评价、会员权益维护、行业诚信自律、调解经纪纠纷、评比表彰等业务和活动 |
| 2 | 国际技术转移协作网络 | 2011 年 1 月 | 国际技术转移协作网络（ITTN）于 2011 年 1 月在科技部指导下发起成立，以促进中国对外开展跨境创新技术商业价值转化合作为使命，作为国际技术转移行业组织，以市场化机制搭建国际技术转移第四方平台，在供应端组织国际技术创新优质资源，构建创新协作网络 |

| 序号 | 名称 | 成立时间 | 简介 |
|---|---|---|---|
| 3 | 西安技术经理人协会 | 2014年10月 | 西安技术经理人协会是在西安科技局、西安高新区管委会、西安市人社局的指导下，由西安科技大市场、西安交通大学科技园、西安碑林环大学产业带管委会等12家单位联合创立举办。该协会以"搭建交流平台、培育高端人才、建立行业标准、推动创新发展"为宗旨，致力于制定技术经理人行业管理规范、打造金牌技术经理人队伍，建立科技成果转化服务生态链、完善市场与政策环境联系，推动以技术转移和知识产权为核心的科技服务业的发展。该协会创建了"1+3"技术转移服务模式，即以西安科技大市场为依托的技术交易平台，结合以技术经理人协会、技术经理人公司（机构）和技术经理人为支撑的三级管理体系，构建而成的技术成果转移转化服务生态系统 |
| 4 | 吉林省技术经理人协会 | 2017年2月 | 吉林省技术经理人协会是由12家高校、科研院所、企事业单位共同发起成立的科技类社会民间组织 |
| 5 | 中关村技术经理人协会 | 2019年9月 | 中关村技术经理人协会是由北京硬创空间科技有限公司、北京中科创星科技有限公司、中关村天合科技成果转化促进中心、北京中企科创新经济研究中心（有限合伙）、北京理工技术转移有限公司等单位自愿联合发起，经市社团局批准，成立的不以营利为目的，具有法人资格的民间社会团体组织 |
| 6 | 淄博市技术经理人协会 | 2020年9月 | 淄博市技术经理人协会是在淄博市科技局的指导下，为加快建立全市技术转移服务体系、改善技术交易环境、加速技术转移及科技成果产业化，经技术转移机构、金融机构和律师机构多方参与，成立的专业性、非营利性的社会组织。该协会致力于聚合行业、技术、人才、信息、服务等各类社会创新资源，促进协会、技术转移机构和技术经理人三级管理为支撑的科技成果转移转化服务生态系统形成，为技术转移全过程提供高端、优质和高效的服务 |

续表

| 序号 | 名称 | 成立时间 | 简介 |
|---|---|---|---|
| 7 | 陕西省技术经理人协会 | 2021年12月 | 陕西省技术经理人协会是依据《社会团体登记管理条例》的有关规定设立的技术经理人自律性组织，属于非营利性社会团体法人，接受业务主管单位陕西省科学技术协会和登记管理机关陕西省民政厅的业务指导和监督管理。该协会由陕西省内技术经理人自愿共同发起，以"打造金牌技术经理人队伍，提升陕西省科技成果转化率，推动陕西民营经济高质量发展"为核心宗旨 |
| 8 | 苏州市技术经纪人协会 | 2022年6月 | 苏州市技术经纪人协会第一次会员大会暨首届选举大会于2022年6月在苏州市双创中心成功举办，选举出第一届理事、监事、会长、副会长、秘书长。该协会致力于引导苏州市技术经纪人及技术转移机构恪守职业道德，规范技术经纪活动，维护技术市场秩序，促进苏州市技术转移体系的健康发展，同时将立足服务苏州、放眼江苏、长三角区域，进一步推动国内外科技合作渠道，努力为苏州市汇聚创新人才和先进技术成果 |
| 9 | 辽宁省技术经理人协会 | 2022年7月 | 2022年7月26日，在主管单位辽宁省科学技术协会，监管单位辽宁省民政厅及省市区科技主管部门领导、首批97名会员线上线下的共同见证下，由芝倪信息技术（沈阳）有限公司（东北科技大市场）、辽宁实验室材料研究中心、沈阳建筑大学、盘锦市产业技术创新和研发基地建设工程中心、中科合创（辽宁）科技服务有限公司共同发起的辽宁省技术经理人协会在辽宁沈阳正式成立。该协会致力于为广大技术经理人搭建交流平台，提供与国内发达地区开展交流学习的机会，把好的方法、措施、制度创新"带土移植"回来，更好地服务本职工作 |

| 序号 | 名称 | 成立时间 | 简介 |
|---|---|---|---|
| 10 | 成都市技术经理人协会 | 2023 年 5 月 | 2023 年 5 月 30 日，成都市技术经理人协会第一届第一次会员代表大会召开。成都的 20 所高校、15 家技术转移转化专业机构和组织、22 家科技企业的 57 名会员代表及 30 余名技术经理人出席了大会。该协会致力于整合成都及全国有关技术转移转化的产业资源和人力资源，建设专业化市场化技术转移机构和技术经理人队伍，培养科技成果转移转化人才，是落实国家创新驱动发展战略的有力抓手，有助于激发人才活力，提升成都市科技成果转化能力，促进技术和经济的深度融合，助力成都市加快打造全国重要科技创新中心 |
| 11 | 技术经理人协作网络 | 2023 年 5 月 | 2023 年 5 月 28 日，"技术经理人协作网络"发起成立。该组织由全球技术经理人共同发起，是常设的、活跃的、以公益性质为主的协作机制，在火炬中心、北京市科学技术委员会、中关村管委会等指导与支持下发起成立，旨在为国内外科技成果转移转化合作、交流、对接、发展搭建有效平台。该组织将放眼全球协作视野，服务国家创新战略，发挥国内国际双循环优势 |
| 12 | 技术经理人之家 | 2023 年 6 月 | 2023 年 6 月 23 日，非官方公益组织技术经理人之家由一群热心公益的技术经理人发起成立。技术经理人之家致力于打造技术经理人交流和成长的家园，服务技术经理人成长及技术转移事业发展。技术经理人之家是常设的、活跃的、以公益性质为主的协作机制，旨在为技术经理人合作、交流、对接、发展搭建有效平台 |
| 13 | 大湾区技术经纪人之家 | 2023 年 7 月 | 2023 年 7 月 14 日，大湾区技术经纪人之家揭牌仪式举办，致力于打造粤港澳大湾区科技成果转化全流程协作网络平台，发挥集中力量办大事的优势，跨领域、跨学科、跨地区协作，助力广州走好高水平科技自立自强之路 |

| 序号 | 名称 | 成立时间 | 简介 |
|---|---|---|---|
| 14 | 安徽省技术经理人协会 | 2023 年 8 月 | 2023 年 8 月 13 日，安徽省技术经理人协会成立。该协会致力于在高校、科研机构、企业间架起沟通桥梁，汇聚各方面创新要素，针对科技成果转化的难点、堵点发挥专业作用，推进产学研深度合作，推动科技成果从"实验场"加速走向"应用场"；该协会将努力为会员提供精准服务，面向广大会员，广泛开展知识产权、交易流程、法律法规、成果评价等专业培训，打造一支"懂科技、懂产业、懂投资、懂市场、懂管理"的高素质技术经理人队伍，把协会打造成有温度、可信赖的会员之家 |
| 15 | 天津市技术经理人发展促进会 | 2023 年 10 月 | 天津市技术经理人发展促进会是由天津市从事科技成果转移转化的产业化机构及技术经理人自愿结成的学术性、专业性、非营利性社会组织。2023 年 10 月 7 日，天津市技术经理人发展促进会第一次会员大会暨成立大会举行。首批吸收会员 289 名，服务于高等院校、科研院所、重点实验室等创新平台，从库房中"唤醒"更多的技术成果，打通成果转化的"最后一公里" |
| 16 | 西安高新区技术经理人协会 | 2023 年 12 月 | 西安高新区技术经理人协会成立于 2023 年 12 月，由从事技术转移、成果转化、知识产权服务、企业咨询管理、法律、科技金融等众多领域科技服务机构和相关产业代表企业自愿、共同发起的辖区性、专业性、非营利性的社会组织。该协会首届会员单位共计 45 家，包括技术转移服务机构、新型研发机构、律师事务所、创业孵化器、产业联盟等多个类型，会员具备良好的专业素质，具有广泛的代表性和行业的专业性 |

## 八、科技成果转移转化服务合同介绍及范例

《技术转移服务规范》（GB/T 34670—2017）在"4.7 服务合同"中提出：要做好签订合同或协议的各项准备；签订书面或电子合同 / 协议，约定权利、

义务和收益，不做超出自身服务能力和范围的承诺；可与委托方单独签订合同／协议，也可与委托方和其他方共同签订合同／协议；可参照范本签订技术合同，并认定登记；出现不可抗力或违约时，应与合同各相关方协商，变更或解除合同；应与各方沟通，在服务合同中约定保密义务。建议技术转移机构和技术经理人按照上面的要求，在专业律师团队的指导下，拟订一份符合自身情况的技术转移服务合同范本。

2024 年 4 月，武汉市科技创新局编制并印发了涉及多方交易的《技术合同示范文本》。《技术合同示范文本》充分凸显了技术转移机构及技术经纪人在科技成果转化中的作用，有效帮助科技成果转移转化合同当事人防范法律风险、维护自身合法权益。

该合同模板包括《技术开发（委托）合同》、《技术转让（技术秘密）合同》、《专利（申请）权转让合同》和《专利实施许可合同》。该合同把中介方作为一方在合同中体现，中介方包括技术转移服务机构和技术经纪人。

该合同开篇就指出，合同甲方或乙方或甲乙双方通过委托中介方提供服务促成甲方委托乙方研究开发项目，并支付研究开发经费和报酬，乙方接受委托并进行此项研究开发工作。甲方或乙方或甲乙双方支付中介方服务费。中介方丙方开展以下工作：（1）技术信息的搜集、筛选、分析、加工；（2）专利代理服务；（3）技术咨询服务；（4）中试、工程化等试验、设计服务；（5）技术评价服务；（6）技术产权交易、技术招标代理、技术投融资等服务；（7）技术交易信息网络平台服务等。

该合同各方确定，甲方或乙方或甲乙双方应于本合同生效后一定时间内一次或分期向中介方丙方支付中介服务费，约定了具体支付方式和时间。

限于篇幅，以《技术转让（技术秘密）合同》为例。

合同编号：

# 技术转让（技术秘密）合同

项目名称：＿＿＿＿＿＿＿＿＿＿＿＿＿＿＿＿＿＿＿＿

受让方（甲方）：＿＿＿＿＿＿＿＿＿＿＿＿＿＿＿＿

转让方（乙方）：＿＿＿＿＿＿＿＿＿＿＿＿＿＿＿＿

中介方（丙方）：＿＿＿＿＿＿＿＿＿＿＿＿＿＿＿＿

（丁方）：＿＿＿＿＿＿＿＿＿＿＿＿＿＿＿＿

签订时间：＿＿＿＿＿＿＿＿＿＿＿＿＿＿＿＿＿＿＿

签订地点：＿＿＿＿＿＿＿＿＿＿＿＿＿＿＿＿＿＿＿

有效期限：＿＿＿＿＿＿＿＿＿＿＿＿＿＿＿＿＿＿＿

武汉市科技创新局印制

# 填写说明

一、本合同为武汉市科技创新局印制的技术秘密转让多方合同示范文本，各技术转移服务机构、技术经纪人以及技术合同登记站等可推介技术合同当事人参照使用。

二、本合同书适用于一方当事人通过中介方提供服务促成转让方将其拥有的技术秘密提供给受让方，明确相互之间技术秘密使用权和转让权，受让方支付约定费用而订立的合同。

三、签约方为多个当事人的，可按各自在合同关系中的作用等，在"受让方"、"转让方"项下（增页）分别排列为共同受让人或共同转让人。提供促成服务的技术转移服务机构及其技术经纪人在"中介方"项的对应方下（增页）分别排列为共同中介服务机构及其技术经纪人。

四、本合同书未尽事项，可以由当事人附页另行约定。当事人使用本合同书时约定无需填写的条款，应在该条款处注明"无"等字样，也可以根据自身实际情况，参考选用合同示范文本部分内容，修改形成个性化合同。

# 技术转让（技术秘密）合同

**受让方（甲方）：** _____

住　所　地：_____

法定代表人：_____

项目联系人：_____

通讯地址：_____

电话：_____传真：_____

**转让方（乙方）：** _____

住　所　地：_____

法定代表人：_____

项目联系人：_____

通讯地址：_____

电话：_____传真：_____

**中介方：**

**技术转移服务机构（丙方）：** _____

住　所　地：_____

法定代表人：_____

通讯地址：_____

电话：_____传真：_____

**技术经纪人（丁方）：** _____

身份证号码：_____

电话：_____传真：_____

　　本合同____方（甲方、乙方、甲乙双方）通过委托中介方提供服务促成

209

转让方乙方将其拥有＿＿＿＿＿＿＿＿＿＿＿＿＿＿＿＿＿

＿＿＿＿＿＿＿＿＿＿＿项目的技术秘密＿＿＿＿＿＿（使用权、转让权）转让甲方，甲方受让并支付相应的使用费。＿＿＿方（甲方、乙方、甲乙双方）支付中介方服务费。各方经过平等协商，在真实、充分地表达各自意愿的基础上，根据《中华人民共和国民法典》的规定，达成如下协议，并由各方共同恪守。

**第一条** 乙方转让甲方的技术秘密内容如下：

1. 技术秘密的内容：＿＿＿＿＿＿＿＿＿＿＿＿＿＿＿＿＿

＿＿＿＿＿＿＿＿＿＿＿＿＿＿＿＿＿＿＿＿＿＿＿＿＿＿＿＿＿

＿＿＿＿＿＿＿＿＿＿＿＿＿＿＿＿＿＿＿＿＿＿＿＿＿＿＿＿＿

2. 技术指标和参数：＿＿＿＿＿＿＿＿＿＿＿＿＿＿＿＿＿

＿＿＿＿＿＿＿＿＿＿＿＿＿＿＿＿＿＿＿＿＿＿＿＿＿＿＿＿＿

＿＿＿＿＿＿＿＿＿＿＿＿＿＿＿＿＿＿＿＿＿＿＿＿＿＿＿＿＿

3. 本技术秘密的工业化开发程度：＿＿＿＿＿＿＿＿＿＿＿

＿＿＿＿＿＿＿＿＿＿＿＿＿＿＿＿＿＿＿＿＿＿＿＿＿＿＿＿＿

**第二条** 为保证甲方有效实施本项技术秘密，乙方应向甲方提交以下技术资料：

1. ＿＿＿＿＿＿＿＿＿＿＿＿＿＿＿＿＿＿＿＿＿＿＿＿＿

2. ＿＿＿＿＿＿＿＿＿＿＿＿＿＿＿＿＿＿＿＿＿＿＿＿＿

3. ＿＿＿＿＿＿＿＿＿＿＿＿＿＿＿＿＿＿＿＿＿＿＿＿＿

**第三条** 乙方提交技术资料时间、地点、方式如下：

1. 提交时间：＿＿＿＿＿＿＿＿＿＿＿＿＿＿＿＿＿＿＿＿

2. 提交地点：＿＿＿＿＿＿＿＿＿＿＿＿＿＿＿＿＿＿＿＿

3. 提交方式：＿＿＿＿＿＿＿＿＿＿＿＿＿＿＿＿＿＿＿＿

**第四条** 乙方在本合同生效前实施或转让本项技术秘密的状况如下：

1. 乙方实施本项技术秘密的状况（时间、地点、方式和规模）：＿＿＿＿＿

＿＿＿＿＿＿＿＿＿＿＿＿＿＿＿＿＿＿＿＿＿＿＿＿＿＿＿＿＿

2．乙方转让他人本项技术秘密的状况（时间、地点、方式和规模）：_____

**第五条** 甲方应以如下范围、方式和期限实施本项技术秘密：

1．实施范围：_____

2．实施方式：_____

3．实施期限：_____

**第六条** 乙方保证本项技术秘密的实用性、可靠性，并保证本项技术秘密不侵犯任何第三人的合法权利。如发生第三人指控甲方实施技术秘密侵权的，乙方应当_____

**第七条** 在本合同履行过程中，因本项技术秘密已经由他人公开（以专利权方式公开的除外），一方应在____日内通知另一方解除合同。逾期未通知并致使另一方产生损失的，另一方有权要求予以赔偿。具体赔偿方式为：_____

**第八条** 合同各方确定因履行本合同应遵守的保密义务如下：

1．保密内容（包括技术信息和经营信息）：_____

2．涉密人员范围：_____

3．保密期限：_____

4．泄密责任：_____

**第九条** 合同各方确定，乙方在本合同有效期内，将本项技术秘密申请专利或以其他方式公开的，应当征得甲方同意；乙方就本项技术秘密申请专利并取得专利权的，甲方依本合同有继续使用的权利。

**第十条** 为保证甲方有效实施本项技术秘密，乙方应向甲方提供以下技术服务和技术指导：

1. 技术服务和技术指导的内容：_____

_____

2. 技术服务和技术指导的方式：_____

_____

**第十一条** 中介方丙方开展以下第_____项（可多选）所示工作。其中，丁方主要承担_____事宜。

（1）技术信息的搜集、筛选、分析、加工。

（2）专利代理服务。

（3）技术咨询服务。

（4）中试、工程化等试验、设计服务。

（5）技术评价服务。

（6）技术产权交易、技术招标代理、技术投融资等服务。

（7）技术交易信息网络平台服务。

（8）_____

_____

**第十二条** 甲方向乙方支付受让该项技术秘密的使用费及支付方式为：

1. 技术秘密使用费总额为：_____

其中：技术服务和指导费为：_____

2. 技术秘密使用费由甲方按照_____（固定费用、里程碑费用、提成费用）（可多选）方式支付给乙方。

具体支付方式和时间如下：

（1）_____

（2）_____

（3）_____

乙方开户银行名称、地址和账号为：

开户银行：_____

地址：_____

账号：_____

3. 合同各方确定，甲方以实施该项技术秘密所产生的利益提成支付乙方许可使用费的，乙方有权以_____

_____ 方式查阅甲方有关的会计账目。

4. 合同各方确定，____（甲方、乙方、甲乙双方）应于本合同生效后____日内____（一次、分期）向中介方丙方支付中介服务费_____ 。

具体支付方式和时间如下：

（1）_____

（2）_____

（3）_____

乙方开户银行名称、地址和账号为：

开户银行：_____

地址：_____

账号：_____

**第十三条**　合同各方确定，乙方许可甲方实施本项技术秘密、提供技术服务和技术指导，按以下标准和方式验收：

1. _____

2. _____

3. _____

**第十四条**　甲方应当在本合同生效后_____日内开始实施本项技术秘密；逾期未实施的，应当及时通知乙方并予以正当解释，征得乙方认可。甲方逾期日未实施本项技术秘密且未予解释，影响乙方技术转让提成收益的，乙方有权要求甲方支付违约金或赔偿损失。

**第十五条**　合同各方确定，在本合同履行中，任何一方不得以下列方式限制另一方的技术竞争和技术发展：

1. _____

2. _____

3. _____

**第十六条** 合同各方确定：

1. 甲方有权利用乙方转让的技术秘密进行后续改进，由此产生的具有实质性或者创造性技术进步特征的新的技术成果，归_____（甲方、甲乙双方）方所有。具体相关利益的分配办法如下：_____

_____

2. 乙方有权对转让甲方的技术秘密进行后续改进。由此产生的具有实质性或创造性技术进步特征的新的技术成果，归_____（乙方、甲乙双方）方所有。具体相关利益的分配办法如下：_____

_____。

**第十七条** 本合同的变更必须由合同各方协商一致，并以书面形式确定。但有下列情形之一的，一方可以向另一方提出变更合同权利与义务的请求，另一方应当在_____日内予以答复；逾期未予答复的，视为同意：

1. _____

2. _____

3. _____

**第十八条** 合同各方确定，按以下约定承担各自的违约责任：

1. _____方违反本合同第____条约定，应当_____

_____（支付违约金或损失赔偿额的计算方法）。

2. _____方违反本合同第____条约定，应当_____

_____（支付违约金或损失赔偿额的计算方法）。

3. _____方违反本合同第____条约定，应当_____

_____（支付违约金或损

失赔偿额的计算方法）。

　　**第十九条**　合同各方确定，在本合同有效期内，甲方指定_____

_____为甲方项目联系人，乙方指定_____为乙方项目联系人。项目联系

人承担以下责任：

　　1._____

　　2._____

　　3._____

　　一方变更项目联系人的，应当及时以书面形式通知另一方。未及时通知并

影响本合同履行或造成损失的，应承担相应的责任。

　　**第二十条**　合同各方确定，出现下列情形，致使本合同的履行成为不必要

或不可能的；可以解除本合同：

　　（1）发生不可抗力；

　　（2）_____

　　（3）_____

　　**第二十一条**　合同各方因履行本合同而发生的争议，应协商、调解解决。

协商、调解不成的，确定按以下第_____种方式处理：

　　1.提交_____仲裁委员会仲裁；

　　2.依法向人民法院起诉。

　　**第二十二条**　合同各方确定：本合同及相关附件中所涉及的有关名词和技

术术语，其定义和解释如下：

　　1._____

　　2._____

　　3._____

　　4._____

　　**第二十三条**　与履行本合同有关的下列技术文件，经合同各方确认后，为

本合同的组成部分：

1. 技术背景资料：_____

2. 可行性论证报告：_____

3. 技术评价报告：_____

4. 技术标准和规范：_____

5. 原始设计和工艺文件：_____

6. 其他：_____

**第二十四条** 合同各方约定本合同其他相关事项为：_____

_____

_____

**第二十五条** 本合同一式__份，各方各持__份，每份具有同等法律效力。

**第二十六条** 本合同经三方签字盖章后生效。

甲方：_____（盖章）

法定代表人／委托代理人：_____（签名）

年　　　月　　　日

乙方：_____（盖章）

法定代表人／委托代理人：_____（签名）

年　　　月　　　日

丙方：_____（盖章）

法定代表人／委托代理人：_____（签名）

年　　　月　　　日

丁方：_____（签名）

年　　　月　　　日

# 参考文献

## 法律、法规、政策、标准及报告

［1］《中华人民共和国促进科技成果转化法》（2015 年修订）。

［2］《国务院关于印发实施〈中华人民共和国促进科技成果转化法〉若干规定的通知》（国发〔2016〕16 号）。

［3］《国务院办公厅关于印发〈促进科技成果转移转化行动方案〉的通知》（国办发〔2016〕28 号）。

［4］《中华人民共和国民法典》（2020 年 5 月 28 日第十三届全国人民代表大会第三次会议通过）。

［5］《中华人民共和国科学技术进步法》（2021 年修订）。

［6］《科技部等 9 部门印发〈赋予科研人员职务科技成果所有权或长期使用权试点实施方案〉的通知》（国科发区〔2020〕128 号）。

［7］《人力资源社会保障部 财政部 科技部关于事业单位科研人员职务科技成果转化现金奖励纳入绩效工资管理有关问题的通知》（人社部发〔2021〕14 号）。

［8］《高质量培养科技成果转移转化人才行动方案》（国科火字〔2023〕70 号）。

［9］《国家技术转移专业人员能力等级培训大纲（试行）》（国科火字〔2020〕70 号）。

［10］《技术转移服务规范》（GB/T 34670—2017）。

［11］《技术转移服务人员能力规范》（DB11/T 1788—2020）。

［12］《技术经理人能力评价规范》（T/CASTEM 1007—2022）。

［13］《2022 中国科技服务业发展年度报告》（北京中关村科技服务有限公司，赛迪顾问股份有限公司）。

## 专著及文章

［1］邱超凡.什么是科技成果转化？其与技术转移有什么区别和联系？［J］.科技中国，2023（11）：72-74.

［2］邱超凡，石小莉，熊灿军.如何做好技术需求挖掘、筛选、匹配和对接［J］.科技中国，2024（1）：25-27.

［3］《党的二十届三中全会〈决定〉学习辅导百问》编写组.党的二十届三中全会《决定》学习辅导百问［M］.北京：党建读物出版社，学习出版社，2024.

［4］姜玉峰.技术经纪人培训教材［M］.上海：上海科学技术出版社，2002.

［5］科学技术部人才中心.科技成果转移转化管理实务［M］.北京：科学技术文献出版社，2020.

［6］上海高知汇科技成果转化研究院，上海高校协同创新发展研究中心.科技成果转化蓝皮书（PART I）：上海高校科技成果作价投资操作流程指引［Z］；2020.

［7］邱超凡.赋能创新：技术经纪人自我修养手册［M］.北京：中国科学技术出版社，2022.

［8］国家职业分类大典修订工作委员会.中华人民共和国职业分类大典（2022年版）［M］.北京：中国劳动社会保障出版社，2022.

［9］黄宁燕.国外技术转移案例研究［M］.北京：科学技术文献出版社，2017.

［10］蔡雪莲.沃顿谈判课：世界知名企业推崇的谈判法则［M］.南京：江苏凤凰美术出版社，2019.

［11］光明网.【企业创新大家谈】直面科技成果转化真问题 打通样品、产品、商品演化路径［EB/OL］.（2023-11-06）.https://tech.gmw.cn/2023-11/06/content_36945365.htm.

## 参考网站

［1］ 工业和信息化部火炬高技术产业开发中心：http://www.chinatorch.gov.cn/。

［2］ 斯坦福大学 OTL：https://otl.stanford.edu/。

［3］ 中国国际科技交流中心：http://www.ciste.org.cn/。

［4］ 中国核工业集团有限公司：http://www.cnnc.com.cn/。

［5］ 四川大学华西医院：http://www.wchscu.cn/。

［6］ 中技网：http://www.ctctw.com/。

［7］ 百度百科：https://baike.baidu.com/。

注： 除上述标注的引用文献外，本书也参考了来自《人民日报》《科技日报》《北京日报》《中国科学报》《武汉科技报》《中国宁波网》，以及武汉市科技局等相关公开资料。

# 国家技术转移专业人员能力等级培训考试样题

目前，各地关于国家技术转移专业人员能力等级培训考试并没有题库，也没有统一的标准。初级技术经纪人的考试题型一般以选择题和判断题为主，中级技术经纪人和高级技术经理人会有一些问答题。选择题和判断题是各地技术经理人考试最常用的题型。

**（一）选择题样题**

1. ［单选题］下列属于法律的是（　　）。

　　A.《中华人民共和国科学技术进步法》

　　B.《国务院促进科技成果转移转化行动方案》

　　C.《国家科学技术奖励条例》

　　D.《福建省科学技术进步条例》

答案：A

2. ［单选题］科技成果标准化评价体系中，成熟度评价的是（　　）。

　　A. 科技成果的水平高低

　　B. 科技成果的发展阶段

　　C. 科技成果应用水平

　　D. 科技成果的应用方向

答案：B

3. ［单选题］技术合同依法签订后，由合同卖方当事人（技术开发方、转让方、顾问方和服务方）在技术合同签订之日起（　　）内，凭完整的合同文本和有关附件，向所在地的技术合同登记机构申请登记。

　　A. 7 日

　　B. 15 日

　　C. 30 日

　　D. 45 日

答案：C

4. ［单选题］在科技成果标准化评价体系中，下列哪个指标不是标准化评价的指标（　　）。

　　A. 创新度

　　B. 先进度

　　C. 成熟度

　　D. 稳定度

答案：D

5.［单选题］在标准化评价中，关于成熟度的说法正确的是（　　）。

A.科技成果成熟度越高，水平越高

B.成熟度可用于度量科技成果现在的发展阶段与服务于生产之间的距离

C.科技成果成熟度越高，转化风险越高

D.成熟度达到 13 级说明成果是完美的

答案：B

6.［单选题］若一份技术合同总金额为 100 万元，其中采购设备费用为 30 万元，劳务费 20 万元，则该份技术合同的技术交易额为（　　）。

A.20 万元

B.50 万元

C.70 万元

D.100 万元

答案：C

7.［单选题］《中华人民共和国民法典》规定，技术合同是当事人就（　　）订立的确立相互之间权利和义务的合同。

A.技术开发、转让、许可、咨询或者服务

B.技术开发、转让、咨询或者服务

C.技术开发、技术转让、技术咨询或者技术服务

D.科技成果转化

答案：A

8.［单选题］技术评估定价常用的方法不包括（　　）。

A.市场法

B.成本法

C.收益法

D.对比法

答案：D

9.［单选题］截至 2023 年底，我国已在全国布局了（　　）家国家技术转移人才培养基地。

A.11

　　B. 25

　　C. 36

　　D. 100

　　答案：C

10.［单选题］依法批准设立的非营利性研究开发机构和高等学校，根据《中华人民共和国促进科技成果转化法》规定，从职务科技成果转化收入中给予科技人员的现金奖励，可减按（　　）计入科技人员当月"工资、薪金所得"，依法缴纳个人所得税。

　　A. 30%

　　B. 40%

　　C. 50%

　　D. 60%

　　答案：C

11.［多选题］科技成果持有者可以采用下列（　　）方式进行科技成果转化。

　　A. 自行投资实施转化

　　B. 向他人转让该科技成果

　　C. 许可他人使用该科技成果

　　D. 其他协商确定的方式

　　答案：ABCD

12.［多选题］知识产权的特征包括（　　）。

　　A. 无形性

　　B. 独占性

　　C. 时间性

　　D. 地域性

　　答案：ABCD

13.［多选题］职务技术成果归属于单位时，作为技术成果的完成人享有的权利有（　　）。

　　A. 署名权

　　B. 获得奖励与报酬权

C. 优先使用权

D. 优先受让权

答案：ABD

14. [多选题] 根据《中华人民共和国促进科技成果转化法》的要求，科技成果持有单位以职务科技成果作价投资（使用协议定价方式）设立公司应实施的步骤有（ ）。

A. 审核论证

B. 内部决策

C. 签订投资协议

D. 内部公示

答案：ABD

15. [多选题]《中华人民共和国民法典》规定，技术合同价款、报酬或者使用费的支付方式由当事人约定，可以采取以下哪些方式（ ）。

A. 一次总算、一次总付

B. 一次总算、分期支付

C. 提成支付

D. 提成支付附加预付入门费

答案：ABCD

16. [多选题] 按照《中华人民共和国职业分类大典（2022年版）》相关表述，技术经理人的工作内容包括（ ）。

A. 收集、储备、筛选、发布各类科技成果信息，促进交易各方建立联系

B. 为技术交易各方提供技术成果在科技、经济、市场方面评估评价、分析咨询、尽职调查、商务策划等服务

C. 组织各类资源促进技术孵化、熟化、培育、推广和交易

D. 提供科技成果转移转化知识产权导航、布局、保护和运营等服务

答案：ABD

17. [多选题] 技术合同签订的原则包括（ ）。

A. 遵守法律法规，维护公共秩序

B. 自愿、平等、公平

C. 诚实信用、互利有偿

D. 有利于知识产权的保护和科学技术的进步，促进科技成果的研发、转化、应用和推广

答案：ABCD

18. ［多选题］技术商品的特征包括（　　）。

A. 技术垄断性

B. 技术时效性

C. 交易价格不确定性

D. 使用价值永续性

答案：ABCD

19. ［多选题］科技服务业的特点包括（　　）。

A. 人才智力密集

B. 科技含量高

C. 产业附加值大

D. 辐射带动作用强

答案：ABCD

20. ［多选题］国家设立的研究开发机构、高等院校对其持有的科技成果，可以自主决定转让、许可或者作价投资，但应当通过（　　）等方式确定价格。通过协议定价的，应当在本单位公示科技成果名称和拟交易价格。

A. 资产公司定价

B. 协议定价

C. 在技术交易市场挂牌交易

D. 拍卖

答案：BCD

**（二）判断题样题**

1. ［判断题］技术交易额与技术净收入是同一个概念，仅表述不同。（　　）

答案：错误

2. ［判断题］非法垄断技术或者侵害他人技术成果的技术合同无效。（　　）

答案：错误

3. ［判断题］技术具有一般商品所没有的特性，所以技术不是一种商品。（　　）

答案：错误

4. ［判断题］技术经纪人可以是公民，也可以是法人和其他经济组织。（　　）

答案：正确

5. ［判断题］国有企业、事业单位依照《中华人民共和国促进科技成果转化法》规定，对完成、转化职务科技成果作出重要贡献的人员给予奖励和报酬的支出计入当年本单位工资总额，但受当年本单位工资总额限制、纳入本单位工资总额基数。（　　）

答案：错误

**（三）问答题样题**

1. ［问答题］简述技术转移服务的通用流程。

答：（1）开始；（2）委托受理；（3）论证审核；（4）签订合同／协议；（5）组织实施；（6）服务总结、档案归档和跟踪服务；（7）服务改进；（8）结束。

2. ［问答题］科技成果转化的方式有哪些？

答案：根据《中华人民共和国促进科技成果转化法》第十六条，常见的科技成果转化方式包括：自行投资实施转化；向他人转让该科技成果；许可他人使用该科技成果；以该科技成果作为合作条件，与他人共同实施转化；以该科技成果作价投资，折算股份或者出资比例；其他协商确定的方式。

3. ［问答题］请简述如何挖掘企业技术需求。

答案：略。

4. ［问答题］近年来，国家和各省市陆续出台政策，赋能科技服务，助推技术经理人职业发展。作为一名技术经理人，你准备如何规划自己的职业生涯？

答案：略。

5. ［问答题］J 大学某课题组完成了一项科技成果（成果名称略）。为实施该成果的转化，J 大学按照以下 5 个步骤进行操作：（1）与该成果完成人成立的上海 M 科技有限公司达成合作协议；（2）学校以 1 元的象征性价格将该成果的 70% 对课题组进行转让；（3）学校与课题组共同委托有资质的第三方资产评估

机构对科技成果进行评估，评估价格为 1000 万元；（4）学校将科技成果的 30%
（即 300 万元）在国有产权交易机构挂牌交易，课题组参加摘牌并获得该成果
的全部产权；（5）课题组将该成果的知识产权作价 1000 万元进行投资。课题组
在 5 年内将 1000 万元的 30% 向学校支付。请问：该成果一共经历了几次转让？
请分别列举；本案例采取在产权交易市场挂牌交易方式进行转让，在产权交易
市场挂牌，具有什么样的功能？请简述。

答案：略。

# 结　束　语

**技术经理人"赋智"，高水平技术经理人"赋能"，高价值技术经理人"赋效"**

我们认为，不是所有从事科技成果转移、转化和产业化的人员都能称得上是技术经理人，只有从事科技成果转移转化的专业人员才能称得上是技术经理人。

当然，同样是专业人士，技术经理人也有水平高和水平低之分。高水平的技术经理人要同时满足以下三个条件：一是具有至少5年以上科技成果转移转化从业经历和工作经验；二是掌握科技成果转移转化专业知识，具备科技成果转移转化专业能力和资源整合较强能力；三是有一定显示度或影响力的科技成果转移转化促成代表案例并在其中发挥主导性作用。

因为，科技成果转移转化是实践性很强的工作，没有足够的工作经历和经验肯定做不好科技成果转移转化；科技成果转移转化是专业性很强的工作，需要具备科技成果转移转化专业知识和专业能力，要有较强整合科技成果转移转化资源的能力；科技成果转移转化总业绩再多，如果只是普通参与，可能存在不小的水分，那只能代表数量，不能代表质量，更代表不了水平，只有发挥主导性作用的有显示度或影响力的科技成果转移转化促成的典型案例才能代表一个技术经理人的真正水平。

高水平技术经理人最终目的就是为了创造科技成果转移转化高价值，实现高价值离不开高水平，但是高水平并不必然实现高价值。高价值技术经理人最大的本事是做大"蛋糕"，最重要的作用就是实现价值"跃升"。科技成果转化，有了高价值技术经理人的参与后，可以实现更深的挖掘，更好的培育，更有效的孵化，更快的熟化、更客观的评价，更广的推广，更优的交易，再加上金融、法律、知识产权等专业服务，通过蛋糕的一步步"做大"，价值的一次次"跃升"，实现了更多更快更有效的科技成果转移转化。

社会并不缺少简单提供信息不对称的从事科技成果转移、转化和产业化的人员，缺的是提供专业服务的技术经理人，更缺的是具有高水平，能提供专业技术转移和科技成果转化服务，能做大科技成果转移转化"蛋糕"，实现科技成果转移转化价值跃升的高价值技术经理人。所以加强技术经理人队伍建设，要特别注重高水平技术经理人队伍、高价值技术经理人队伍的建设。

技术经理人为科技成果转移转化"赋智"，高水平技术经理人为科技成果转移转化"赋能"，高价值技术经理人为科技成果转移转化"赋效"。

## 科技成果转移转化三个小故事

### 故事一：如何做好科技成果转移转化

我们和几位技术经理人一起交流科技成果转移转化。大家都谈到科技成果转移转化的不容易，为了做好科技成果转移转化，做了很多事情。聊到最后，大家都非常认同一个观点：想要做好科技成果转移转化，就不能只懂科技成果转移转化，只会做科技成果转移转化。为了做科技成果转移转化，有时不得不做很多看似和科技成果转移转化无关的事情。

### 故事二：真心热爱科技成果转移转化

业内有个科技成果转移转化"达人"，他曾经因为工作太拼命，大病过一场。有一次，我们和他交流时，提醒他工作强度不要太大，要注意保重身体。他和我们说，他现在非常注意身体，平时也会适当锻炼，但他对科技成果转移转化是真爱，做科技成果转移转化他不仅不觉得累，而且还很享受，周末在家闲着，就觉得没有精神，浑身上下不舒服，穿上衬衫和皮鞋，来到办公室，就像穿上"战袍"一样，精神抖擞。说真的，那一刻，我们真的被感动到了。

### 故事三：持续深耕并不容易

很多技术经理人看了别人正在做的事，经常会有这样一个想法，别人做的事，他以前也曾经做过，或者别人现在做的事，他也可以做。可结果呢？曾经做过的，为什么做着做着就不做了？想着也可以去做的，为什么没去做？其实很多道理大家都懂，很多事情大家都能做，但是真正去做，能专注并在一线实践中持续去深耕的技术经理人却是少之又少。

# 致　谢

本书得到了吴寿仁、陈桂云、陈汉梅、池长昀、罗林波、徐新元等一线科技成果转移转化专家和技术经理人的指导，在此表示感谢。

本书在充分吸收业界观点的同时，也提出了一些我们自己的见解。本书所引用和提出的观点并不完全都是标准答案，实践才是检验真理的唯一标准。由于水平有限，书中错误之处在所难免，敬请读者指正，欢迎交流讨论。

科技成果转移转化永远在路上，谨以此书献给广大科技成果转移转化同仁们，期待更多科技成果转移转化同路人。